AF168289

Leben.Lieben.Arbeiten **SYSTEMISCH BERATEN**

Herausgegeben von
Jochen Schweitzer und
Arist von Schlippe

Mirko Zwack

# Scheitern –
# oder: mit sich selbst
# neu anfangen

Mit 7 Abbildungen

Vandenhoeck & Ruprecht

Bibliografische Information der Deutschen Nationalbibliothek:
Die Deutsche Nationalbibliothek verzeichnet diese Publikation in der
Deutschen Nationalbibliografie; detaillierte bibliografische Daten sind
im Internet über https://dnb.de abrufbar.

Umschlagabbildung: CapturePB/shutterstock.com

Satz: SchwabScantechnik, Göttingen
Druck und Bindung: ⊕ Hubert & Co. BuchPartner, Göttingen
Printed in the EU

**Vandenhoeck & Ruprecht Verlage | www.vandenhoeck-ruprecht-verlage.com**

ISSN 2625-6088
ISBN 978-3-525-40682-3

»It's not the note you play, that's the wrong note –
it's the note you play afterwards that makes it right or wrong.«

*Miles Davis*

# Inhalt

Zu dieser Buchreihe . . . . . . . . . . . . . . . . . . . . . . . . . . . . . . . . . . . . . . . . 9

Vorwort . . . . . . . . . . . . . . . . . . . . . . . . . . . . . . . . . . . . . . . . . . . . . . . . . . . 11

Einleitendes . . . . . . . . . . . . . . . . . . . . . . . . . . . . . . . . . . . . . . . . . . . . . 14

## I Scheitern

1   Was kann mit Scheitern gemeint sein? . . . . . . . . . . . . . . . . . . 20
    1.1 (Über-)Lebensregeln . . . . . . . . . . . . . . . . . . . . . . . . . . . . . . 24
    1.2 Sich selbst Zeit geben . . . . . . . . . . . . . . . . . . . . . . . . . . . . . 26

2   *Wer* scheitert eigentlich, wenn er scheitert? . . . . . . . . . . . . . . 29
    2.1 Identität als Vorausgesetztes . . . . . . . . . . . . . . . . . . . . . . . 30
    2.2 Identität als narrativ Entstehendes . . . . . . . . . . . . . . . . . . . 32
    2.3 Identität als Aktualisiertes . . . . . . . . . . . . . . . . . . . . . . . . . . 38

3   Scheitern als Scheitern des Selbst . . . . . . . . . . . . . . . . . . . . . . 41
    3.1 Eine Gefühllandkarte zum Verständnis des Selbstsystems 43
    3.2 Mit der Regel gegen die Regel . . . . . . . . . . . . . . . . . . . . . . 48
    3.3 Der Selbstwertzirkel . . . . . . . . . . . . . . . . . . . . . . . . . . . . . . . 49
    3.4 Scheitern vor anderen . . . . . . . . . . . . . . . . . . . . . . . . . , . . . . 52
    3.5 Selbstkritische Dialoge . . . . . . . . . . . . . . . . . . . . . . . . . . . . . 56

4   Unumkehrbarkeit . . . . . . . . . . . . . . . . . . . , , . . . . . . . . . . . . . . 68

## II Erfolg

5   Volkskrankheit: Erfolgsabhängigkeit . . . . . . . . . . . . . . . . . . . . 74
    5.1 Nutzenorientierter Erfolg . . . . . . . . . . . . . . . . . . . . . . . . . . . 75
    5.2 Ästhetischer Erfolg . . . . . . . . . . . . . . . . . . . . . . . . . . . . . . . . 78
    5.3 Ethischer Erfolg . . . . . . . . . . . . . . . . . . . . . . . . . . . . . . . . . . 79
    5.4 Erfolgsstrategien unter Revision . . . . . . . . . . . . . . . . . . . . . 80

## III Am Ende

Schluss . . . . . . . . . . . . . . . . . . . . . . . . . . . . . . . . . . . . . . . . . . . . . .   84

Literatur  . . . . . . . . . . . . . . . . . . . . . . . . . . . . . . . . . . . . . . . . . . . .   85

Dank . . . . . . . . . . . . . . . . . . . . . . . . . . . . . . . . . . . . . . . . . . . . . . . .   87

Der Autor . . . . . . . . . . . . . . . . . . . . . . . . . . . . . . . . . . . . . . . . . . . .   88

# Zu dieser Buchreihe

Die Reihe »Leben. Lieben. Arbeiten: systemisch beraten« befasst sich mit Herausforderungen menschlicher Existenz und deren Bewältigung. In ihr geht es um Themen, an denen Menschen wachsen oder zerbrechen, zueinanderfinden oder sich entzweien und bei denen Menschen sich gegenseitig unterstützen oder einander das Leben schwermachen können. Manche dieser Herausforderungen (Leben.) haben mit unserer biologischen Existenz, unserem gelebten Leben zu tun, mit Geburt und Tod, Krankheit und Gesundheit, Schicksal und Lebensführung. Andere (Lieben.) betreffen unsere intimen Beziehungen, deren Anfang und deren Ende, Liebe und Hass, Fürsorge und Vernachlässigung, Bindung und Freiheit. Wiederum andere Herausforderungen (Arbeiten.) behandeln planvolle Tätigkeiten, zumeist in Organisationen, wo es um Erwerbsarbeit und ehrenamtliche Arbeit geht, um Struktur und Chaos, um Aufstieg und Abstieg, um Freud und Leid menschlicher Zusammenarbeit in ihren vielen Facetten.

Die Bände dieser Reihe beleuchten anschaulich und kompakt derartige ausgewählte Kontexte, in denen systemische Praxis hilfreich ist. Sie richten sich an Personen, die in ihrer Beratungstätigkeit mit jeweils spezifischen Herausforderungen konfrontiert sind, können aber auch für Betroffene hilfreich sein. Sie bieten Mittel zum Verständnis von Kontexten und geben Werkzeuge zu deren Bearbeitung an die Hand. Sie sind knapp, klar und gut verständlich geschrieben, allgemeine Überlegungen werden mit konkreten Fallbeispielen veranschaulicht und mögliche Wege »vom Problem zu Lösungen« werden skizziert. Auf unter 100 Buchseiten, mit etwas Glück an einem langen Abend oder einem kurzen Wochenende zu lesen, bieten sie zu dem jeweiligen lebensweltlichen Thema einen schnellen Überblick.

Die Buchreihe schließt an unsere Lehrbücher der systemischen Therapie und Beratung an. Unsere Bücher zum systemischen Grundlagenwissen (1996/2012) und zum störungsspezifischen Wissen (2006) fanden und finden weiterhin einen großen Leserkreis. Die aktuelle Reihe erkundet nun das kontextspezifische Wissen der systemischen Beratung. Es passt zu der unendlichen Vielfalt möglicher Kontexte, in denen sich »Leben. Lieben. Arbeiten« vollzieht, dass hier praxisbezogene kritische Analysen gesellschaftlicher Rahmenbedingungen ebenso willkommen sind wie Anregungen für individuelle und für kollektive Lösungswege. Um klinisch relevante Störungen, um systemische Theoriekonzepte und um spezifische beraterische Techniken geht es in diesen Bänden (nur) insoweit, als sie zum Verständnis und zur Bearbeitung der jeweiligen Herausforderungen bedeutsam sind.

Wir laden Sie als Leserin und Leser ein, uns bei diesen Exkursionen zu begleiten.

Jochen Schweitzer und Arist von Schlippe

## Vorwort

Der Titel dieses Buchs spricht mit dem Scheitern eine existenzielle
Empfindung an, die wir alle zu kennen meinen. Ein Arbeitsergebnis
ist missraten, ein Urlaub wurde zum Flop, ein Versöhnungsversuch
ist misslungen, eine Liebesbeziehung oder Ehe ist auseinandergegan-
gen. Mirko Zwack konzentriert sich in diesem Buch auf jene wirklich
existenziellen Erlebnisse des Scheiterns, die unser Selbst erschüttern
und ins Wanken bringen, und nach denen wir nicht mehr die- oder
derselbe sein können. Ob einem einschneidenden kritischen Lebens-
ergebnis dies gelingt, hängt nicht nur vom Lebensereignis ab, sondern auch davon, ob es besonders wichtige, langlebige, bewährte
Prämissen (innere Grundregeln) infrage stellt, die unser Leben bis
dahin geleitet haben.

Wie Mirko Zwack sich diesem Thema für uns annähert, ist in
mehrfacher Hinsicht besonders. Es ist ein Buch mit anspruchsvollen
theoretischen Grundlagen, die angenehm aufbereitet und praktisch
illustriert recht leicht daherkommen. Das existenzielle Thema kommt
dabei im Kern ohne Existenzialphilosophen aus. Stattdessen werden
systemtheoretische Grundgedanken von Gregory Bateson über das
Lernen und von Niklas Luhmann, Peter Fuchs und Werner Vogt
über »Identität«, »Person« und »Selbst« genutzt, um zu erklären, wie
eine als »Selbst« erlebte Identität aufgebaut, bekräftigt, irritiert, zum
Scheitern gebracht und danach auch durch frische Erzählungen neu,
aber anders aufgebaut werden kann.

Es ist ein anschauliches Buch für Praktiker, hochgradig relevant insbesondere für Einzeltherapeuten und Coaches, von der Psychiatrischen Klinik bis zur Führungskräfteberatung. Mirko Zwack arbeitet mit dem Kopf und den Gefühlen seiner Klienten, beides methodisch elegant. Die Fallbeispiele beschreiben, wie der Autor das narrative Interviewen und Externalisieren aus der systemisch-narrativen Therapie und eine symbolisch-handlungsorientierte Form des biografischen Interviews (Zeitlinienarbeit) über das Entstehen von Prämissen des Klienten verbindet mit den »Zwei-Stuhl-Dialogen« aus der Emotionsfokussierten Therapie. Besonders Letzteres wird auch für viele erfahrene Systemiker neu sein.

Es ist ein Mut machendes Buch. Mirko Zwack befragt sehr grundsätzlich, aber sehr freundlich seine Klienten nach dem, was ihnen wirklich wichtig ist, auf welche Weise ihnen dies so wichtig geworden ist, was ihnen künftig außerdem noch alles wichtig werden könnte und wie ein künftiges verändertes Selbst sich gut anfühlen wird und wie es zukünftig von anderen unterstützt und bestätigt werden kann.

Im letzten Teil über die »Volkskrankheit Erfolgsabhängigkeit« wird das Buch zeitkritisch. Dort beschreibt es den in unserer Gesellschaft allgegenwärtigen Wunsch nach Erfolgen als eine Art Abhängigkeit. Je mehr, dominanter und gar ausschließlicher der Erfolg gesucht wird, desto größer wird zugleich die Wahrscheinlichkeit des Scheiterns. Umso tröstlicher ist es, dass der Autor mit dem »ästhetischen« und dem »ethischen« Erfolg zugleich zwei potente Gegenmittel gegen eine einseitige Konzentration auf den »Nutzen orientierten« Erfolg anbietet. (Ich habe diese Gegenmittel selbst vor einiger Zeit mit sehr gutem Ergebnis für mich angewandt.) Wer dies liest, findet Anregungen zur Vorbeugung, schon bevor ein Scheitern eine Identität zertrümmert hat.

Dieses kluge und anschauliche Buch wird vielen von uns als Scheiternden und als Scheiterns-Beratern in etlichen künftigen Situ-

ationen gute Dienste erweisen. Auch und gerade, falls wir bei seiner
Lektüre oder bei der Umsetzung seiner vielen Anregungen scheitern sollten. Denn danach, so der Untertitel, kann man ja »neu mit
sich selbst anfangen«.

Jochen Schweitzer

# Einleitendes

Um den Ruf des Scheiterns war es bereits schlechter bestellt. Schließlich ist Scheitern eine, wenn nicht *die* Chance zu lernen und damit nicht selten die Grundlage für zukünftigen Erfolg. Folglich feiern Metropolen und Konzerne heute »Fuckup Nights«, wo geteilter Misserfolg mit Applaus belohnt wird. Doch wer sich selbst als gescheitert sieht, dem ist das ein schwacher Trost.

Im Erleben beginnt Scheitern dort, wo »Versuch macht klug« und »Das passiert doch jedem mal« aufhören. Wir fühlen uns in den Grundfesten unseres Selbstbildes hinterfragt. Der Zweifel hält das, was von uns übrig geblieben ist, fest in seiner Hand. Wir haben uns so noch nicht erlebt, finden uns selbst befremdlich und haben größte Schwierigkeiten, uns selbst so zu akzeptieren. Auch wenn wir wissen, dass das »zum Leben dazugehört« und dass es »jedem mal passieren kann«, gelingt es uns nicht, es uns selbst zu erlauben. Gelungenes Scheitern bedeutet, sich selbst anzunehmen, wo man sich zuvor abgelehnt hat. Zwischen Ablehnung und Annahme vergeht meist Zeit. Das ist an sich trivial, die Bewältigung dieses Zeitraumes ist es für die Betroffenen meist nicht.

Dieses Buch soll Beraterinnen und Beratern Ideen geben, wie sie ihre Klientinnen und Klienten[1] dabei unterstützen können, sich

---

1 Um nicht in Sachen Leseflussbegünstigung bereits auf der ersten Seite zu scheitern, wird im Folgenden zwischen weiblicher und männlicher Form beliebig gewechselt. Überall dort, wo das andere Geschlecht nicht mitgemeint ist, wird dies explizit erwähnt.

selbst Zeit zu geben und ihren Weg von der Selbstablehnung zu der Annahme ihrer selbst zu finden. Selbstredend sind diese Wege so individuell wie die Gescheiterten selbst. Ich wünsche mir, dass das Buch inspiriert und dazu einlädt, an der einen oder anderen Stelle anders nachzufragen und Interventionsmöglichkeiten zu eröffnen. Mein Ansinnen ist es dabei, explizit *nicht* ein »Scheiternsverarbeitungsmanual« zu verfassen. Zum einen verbinde ich mit diesem kurzen Text keinerlei Vollständigkeitsanspruch. Es handelt sich vielmehr um eine Sammlung unterschiedlicher Ideen für die Beratungspraxis, die vor dem Hintergrund systemtheoretischer Überlegungen ausgewählt wurden. Ferner scheint mir, wo *Selbsterlaubnis* wiedergefunden werden soll, die Suggestion eines Manuals à la »Wenn Sie erfolgreich scheitern wollen, *müssen* Sie …« als widersinnig.

Hierfür wird folgender Weg eingeschlagen: Mit Gregory Batesons Theorie des Lernens erlangen wir zunächst ein Verständnis davon, was mit Scheitern gemeint sein könnte. Inwiefern unterscheidet es sich vom Fehlermachen oder von ausbleibendem Erfolg? Was ist die besondere Qualität der Lebensereignisse, die Betroffene sagen lässt »*Ich* bin gescheitert«?

Dieses »Ich« betrachten wir in der Folge mit drei Unterscheidungen Niklas Luhmanns. Seine unterschiedlichen Möglichkeiten, Identität zu beobachten und zu konstruieren, zeigen uns unmittelbar, welche Selbstverständnisse Scheitern wahrscheinlicher werden lassen und welche Potenziale veränderte Blickwinkel für Gescheiterte bereithalten, mit sich *selbst* neu anzufangen. Dieses »Selbst« fassen wir dann im Sinne Peter Fuchs' als System. Dadurch wird ein tieferes Verständnis für die Begleitung derartiger Veränderungsprozesse möglich. Warum ist es, obwohl begriffen, so schwer zu verändern? Weshalb weiß ich, was gut für mich wäre, es fühlt sich aber immer noch falsch an?

Abschließend wagen wir uns an die Kehrseite des Scheiterns: den Erfolg. Es ist kein Geheimnis, dass wer auf Erfolg aus ist, scheitern kann. Wir unterscheiden nutzenorientierten, ästhetischen und ethischen Erfolg und hinterfragen diese Formen auf ihre Chancen und Risiken für die danach Strebenden.

Klingt theoretisch? Ist es auch. Doch bevor Sie das Buch deshalb zur Seite legen, auf den Stapel der guten Vorsätze, lassen Sie mich Ihnen versichern: Dies ist ein Praxisbuch. Die Theorie bildet den Rahmen und kommt als (teils vereinfachte) Essenz auf den Tisch. Gefolgt von vielen Ideen für die Praxis, die den Hauptgang darstellen. Meine Hoffnung ist, dass die Leserin Hunger auf mehr Theorie bekommt und gleichzeitig praktisch satt wird. So oder so: Wohl bekomm's, auch ohne Nachtisch!

# Scheitern

# 1 Was kann mit Scheitern gemeint sein?

Wer dem Scheitern etwas Positives abgewinnen möchte, sollte auf eine Theorie des Lernens zurückgreifen können. Gregory Bateson, der Gründervater der Kybernetik, liefert uns dankenswerterweise eine solche. Sie ist unser Einstieg in den Versuch, genauer zu verstehen, was mit Scheitern gemeint sein könnte und was der bzw. die Scheiternde am Ende davon haben könnte.

Bateson unterscheidet fünf Stufen des Lernens (Lernen 0 bis Lernen 4). Mit »Lernen 0« bezeichnet er die grundlegende Reiz-Reaktionsverknüpfung. Auf einen bestimmten Reiz folgt eine ganz bestimmte Reaktion, und diese Folge muss gelernt werden. Etwas wird miteinander in Zusammenhang gebracht und immer, wenn das eine passiert, empfindet man eine implizite Einladung, das andere zu vollziehen. Die Schulglocke klingelt und die Schüler gehen nach Hause. Um diesen Zusammenhang zu verinnerlichen, besucht man nicht die Schule; aber wer das einsieht, kann nicht behaupten, Kinder würden dort »nichts lernen«.

Alles Lernen findet über »Versuch und Irrtum« statt (Bateson, 1981). Und so lernt man recht schnell, zum Beispiel an den irritierten Blicken der Mitschüler, dass es in der Regel erst das sechste Klingeln ist, das das Nachhausegehen einläutet, nur dienstags schon das fünfte. Durch Versuch und Irrtum werden wir kontextsensibel. Wir lernen, welche Unterscheidungen in welchem Kontext greifen und in welchem nicht. Gelernt wird so mittelfristig immer ein Reiz-Reaktionsschema in einem spezifischen Kontext. Schon in den 1950er Jahren war klar, dass dem berühmten Pawlow'schen Hund, dessen Speichelfluss auf einen Glockenschlag konditioniert wurde,[2]

---

2   Das Experiment ist ein Grundstein des behavioristischen Paradigmas. Über einen bestimmten Zeitraum wurde einem Hund kurz vor der Darbietung des »Mmmh, lecker, lecker, Schlappihappis« ein Klingelton dargeboten. Nach ei-

nur *im Labor* als Reaktion auf das Ertönen der Glocke das Wasser im Mund zusammenläuft. Lebewesen lernen mittelfristig nie ausschließlich eine einfache Reiz-Reaktionsverknüpfung, sondern zusätzlich immer noch spezifische Kontextmarkierungen, die ein spezifisches Verhalten an der einen Stelle nahelegen, an einer anderen jedoch nicht. Das Erlernen von Kontextmarkierungen bezeichnet Bateson als Lernen 1.

Dabei lernen wir immer auch über das Lernen und damit die Anpassung an die Lebensherausforderungen selbst. Das Auslachen der Mitschüler kann bei wiederholten »Tollpatschigkeiten« beispielsweise zu einem ungeschriebenen Gesetz à la »Wenn du dir unsicher bist, stillhalten und gucken, was die anderen machen« oder, schambesetzter, »Vermeide tunlichst, aufzufallen« werden. So entstehen unbewusste Annahmen, die in Lernsituationen und damit insbesondere in unsicherheitsgeprägten Situationen für unser Verhalten maßgeblich sind. Diese leiten unser Verhalten immer dann, wenn für die Situation aufgrund ihrer Komplexität oder Neuheit keine Regel wirklich greift. Dieses »Lernen 2« ist zeitintensiv, im Ergebnis jedoch unfassbar stabil. Die auf dieser Ebene erworbenen Prämissen sind gemeinhin unwiderlegbar. Wenn ich vorteilhaft aus der Situation rauskomme, wurde die Prämisse bestätigt, wenn nicht, *ebenfalls*. Denn hätte ich »nur länger gewartet«, »mich besser zurückgehalten«, »mich besser vorbereitet« oder wäre ich »verständnisvoller« gewesen, wäre mir das Unheil erspart geblieben. Eine Veränderung dieser Prämissen hält Bateson für keine »geringe Anforderung« (Bateson, 1981, S. 390 f.).

---

niger Zeit setzte der Speichelfluss bereits beim Ertönen der Glocke ein, auch wenn die Darbietung des Essens ausblieb. Das Ergebnis galt und gilt u. a. als Beispiel dafür, dass alles Verhalten Ergebnis eines Lernprozesses ist und folglich unerwünschtes Verhalten auch wieder verlernt werden kann (vgl. bspw. Bourne u. Ekstrand, 2005).

Noch anspruchsvoller ist Lernen 3. Hierbei handelt es sich um eine komplette Veränderung des Prämissensets, das ursprünglich auf der zweiten Ebene gültig war. Man denke etwa an religiöse Erleuchtungen, Wesensveränderungen, die mitunter zu Recht als »zweite Geburt« betitelt werden, da das, was für das Individuum bis dato handlungsleitend war, überhaupt keine Gültigkeit mehr zu haben scheint. Es steht – für sein Umfeld vielleicht etwas befremdlich – ein »neuer Mensch« vor einem. Neben religiösen Erleuchtungen können

aber auch wahnhafte Phänomene oder eine fortgeschrittene Demenz hier als strukturell ähnlich betrachtet werden. Für das Umfeld sind diese für die Betroffenen meist ich-syntonen Veränderungen ähnlich herausfordernd.

»Lernen 4«, dies sei der Vollständigkeit halber noch erwähnt, bezeichnet dann Veränderungen, die »vermutlich bei keinem ausgewachsenen Organismus vorkommen« (Bateson, 1981, S. 379). Vielmehr geht es hier um Veränderungen der Auswahlmöglichkeiten auf den Ebenen der Phylo- und Ontogenese.

Was gewinnen wir mit Batesons Lerntheorie für unser Thema? Zunächst einmal erlaubt sie uns, den Begriff des Scheiterns einzugrenzen. Lernen nach Versuch und Irrtum setzt immer (mindestens) einen Fehler voraus. Aber nicht jeder Fehler bedeutet ein Scheitern. »Versuch macht klug« oder »Es gibt immer ein zweites Mal« tröstet uns bei Fehlern, jedoch nicht, wenn wir uns als gescheitert erleben. Thomas Alva Edison soll einmal gesagt haben, er sei nicht gescheitert, sondern habe 1.000 Wege gefunden, die nicht funktionierten. Bei dieser Art von Fehlern bewegen wir uns in der Logik von Bateson auf den Ebenen Lernen 0 und 1, d. h., wir lernen Reiz-Reaktionsverknüpfungen und deren spezifische Kontextabhängigkeit. Scheitern beginnt, wenn durch den Fehler unsere tiefgreifenden Prämissen infrage gestellt werden (Lernen 2). Hierzu ein Beispiel:

Frau P. wird in der Kindheit immer wieder von Mitschülern, vor allem aber von ihrer eigenen Schwester, für ihr »Anderssein« gehänselt. Die Schwester ist in der Schule mit bescheidenem Erfolg gesegnet, weshalb es zu Hause regelmäßig Stunk gibt. Frau P. begreift früh, dass ihre Schwester zwar Täterin ist, es aber eigentlich selbst schwer hat; dass die Schwester versucht, ihre Schwäche angesichts der schulischen Erfolge von Frau P. durch Hänselei auszugleichen. So sagt Frau P. sich: »Du bist stärker, du musst das tragen können.« Und schweigt und erträgt es. Später erkennt sie als wesentlichen Teil ihres Andersseins ihre Homosexualität. Auch hierfür wird sie immer wieder schikaniert, zum Beispiel im Arbeitsumfeld. Wieder denkt sie sich: »Du bist stärker, du musst das tragen können.« Und erträgt es länger, als es gut für sie ist. Sie beginnt eine Beziehung. Die Partnerin kann ihr in wesentlichen Bedürfnissen »aufgrund ihrer Depression« nicht entgegenkommen. Erneut gilt für Frau P.: »Du bist stärker …« Zunehmend wird sie durch ihre »Stärke« geschwächt, weil sie überwiegend Beziehungen pflegt, in denen sie trägt und erträgt, aber nicht bekommt, was sie braucht. Die daraus resultierende Erschöpfung bringt sie in die Psychiatrie. Sie erlebt sich als gescheitert. Das Umfeld reagiert irritiert: So kannte man sie ja gar nicht.

In diesen Momenten des Lebens offenbart sich Scheitern als existenziell bedrohlich erlebte *Unfähigkeit zum Musterwechsel*. Existenziell bedrohlich, weil zentrale Prämissen unseres Lebens, die unser Leben und Überleben in der Welt bisher maßgeblich gesichert haben, durch das Leben hinterfragt werden. Unfähig, weil keine ähnlich erprobte und bewährte Alternative zur Verfügung zu stehen scheint. Unser Selbstverständnis und unser Selbstbild geraten ins Wanken. Hinterfragt werden die »Erfolgsmuster« unseres Lebens. Jedes Scheitern ist somit immer auch biografisches Scheitern.

## 1.1 (Über-)Lebensregeln

Wir lernen immer dann besonders gut, wenn der gelernte Inhalt emotional verknüpft ist (vgl. Spitzer, 2010). Das heißt, wann immer wir uns in unserem Leben besonders gefreut, geschämt, geängstigt haben, wütend oder traurig waren, haben wir mit hoher Sicherheit etwas gelernt, das auch in unserem weiteren Leben von gesteigerter Bedeutung ist. Daher ist es sinnvoll, sich darüber klar zu werden, welche Prämissen bis heute mein Leben geleitet haben, um zu verstehen, warum ich etwas als Scheitern erlebe. Hierfür bieten sich unterschiedliche Methoden an (z. B. die Genogrammarbeit). Die Arbeit mit der Zeitlinie (vgl. auch von Schlippe u. Schweitzer, 2013 oder Nicolai, 2018) ist *eine* Möglichkeit, sich Überlebensregeln zu nähern. Abbildung 1 illustriert dies für das vorgestellte Fallbeispiel.

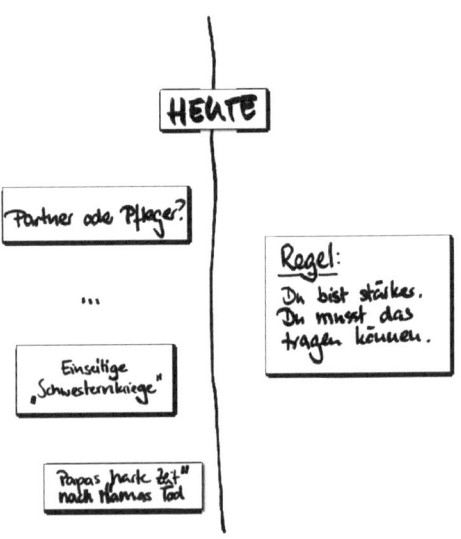

Abbildung 1: Zeitlinienarbeit zur Identifikation von (Über-)Lebensregeln

1. Identifizieren Sie gemeinsam mit der Klientin erste Schlüssel-erlebnisse, die sie als beschämend, ängstigend, ärgerlich, frust-rierend, traurig oder freudvoll in Erinnerung hat. Finden Sie für diese zunächst Überschriften und schreiben Sie sie auf Kärtchen, die Sie in der Folge entlang einer illustrierten oder gedachten Linie bzw. Schnur im Raum chronologisch anordnen. Achten Sie darauf, dass noch genügend Raum für die Zukunft bleibt. Und definieren Sie mit einer weiteren Karte einen Platz für das Heute.

2. »Durchwandern« Sie diese Ereignisse mit dem Klienten. Ziel ist es, an das damalige Erleben emotional anzuknüpfen (»Wie war das damals für Sie?«, »Was hat Sie so geärgert, bedrückt, …?«, »Was genau war damals so schlimm für Sie?«). In der Folge bezie-hen Sie mit der Klientin die Position im Heute und spekulieren gemeinsam über eine mögliche (Über-)Lebensregel, die in dieser Zeit entstanden sein könnte.

3. Danach gehen Sie zurück ins nächste Ereignis. Und setzen das Vorgehen analog fort.

4. Mit der Zeit wird deutlich, welche Regel(n) für die Klientin zen-tral sind und wodurch diese im Hier und Heute herausgefordert werden. Oft ist bereits diese Einsicht gewinnbringend.

5. Falls passend, können noch weitere Schritte in die Zukunft unter-nommen werden:

   a) Dabei können Gewinne, wie Preise einer möglichen Verän-derung, erwogen werden. Mitunter gilt: Weiter geht es nur, wenn ich auch bereit bin, dafür den ein oder anderen Preis zu zahlen. Und: Kurzfristig ist weniger zu ernten als mittel- bis langfristig.

   b) Oft bietet sich auch ein größerer oder kleinerer Schritt in die Lebensphase der Altersmilde und (!) -weisheit an. Was wünscht die weise Frau von ihrer Position aus der von heute? Was denkt sie über die Vergangenheit und die Überlebensregel? Wofür war es gut, ihr zu folgen? Welchen Umgang mit der Regel schlägt sie für heute vor? Was würde sie in Zukunft für die Klientin freuen? Was, glaubt sie, ist wichtig für deren weiteren Weg?[3]

## 1.2 Sich selbst Zeit geben

Um die unangenehmen Gefühle abzuschütteln, die jedes Scheitern begleiten, will man »schnell wieder der Alte« oder, nur etwas besser, »endlich der Neue« sein. Die Tatsache, dass das aber irgendwie nicht so einfach geht, wird oft als weiterer Beweis des eigenen Scheiterns interpretiert.

Explorieren wir mit der Klientin die Auswirkungen dieser Selbstvorwürfe – »Was machen Sie hier gerade? Was ist die Konsequenz dieses Vorwurfs? Inwiefern erleben Sie das als hilfreich?« –, wird deren Dysfunktionalität meist schnell erkannt. Die Tonalität des Selbst-Dialogs verändert sich jedoch in der Regel nicht. Die Auseinandersetzung mit sich selbst mündet vielmehr in Vorwürfen zweiter Ordnung: Erst scheiterst du, und dann bist du auch noch so doof, dich dafür selbst niederzumachen. Versagerin! Auch hier kann man nach den Auswirkungen dieses Umgangs fragen – »Was machen Sie hier gerade? Was ist die Konsequenz dieses Vorwurfs? Inwiefern erleben Sie das als hilfreich?« – und hört zu diesem Zeitpunkt oft die Feststellung: »Ich verstehe, was Sie meinen, aber ich kann es nicht so empfinden.« Manchmal braucht es dafür schlicht Zeit, die man

---

3 Mitunter sperrt sich das Selbst des Klienten gegen derlei lösungsorientierte Fragen. Denn jede Position der Milde, des Mitgefühls, der Weisheit relativiert den durch das Scheitern hinterfragten Maßstab – ein Maßstab, der lange Zeit überlebenswichtig war. Sollte dies passieren, ist es oft hilfreich, genau dies anerkennend festzuhalten. À la »Auch wenn es Ihnen diese Regel im Moment schwer macht, haben Sie ihr viel zu verdanken. Sie hat Ihnen oft geholfen und war und ist für Sie immer noch wichtig.«

aufgrund der belastenden Gefühlswelt gerne überspringen würde.[4]

Also: Wie für Geduld mit sich selbst werben?

Geduld ist dort, wo die Perspektive stimmt. Ein ebenso einfaches wie wirksames Mittel ist hier das Sprechen über die von der Klientin internalisierten Vorstellungen von Veränderung. Veränderung heißt zunächst nichts anderes als Wandlung in einer bestimmten Zeitspanne. Wer mit seinen Klienten über deren Veränderungsmodelle spricht, erfragt u. a. ihre Erwartungen über den *Verlauf* sowie die erwartete *Dauer*.

Als »Gesprächskatalysator« für die mentalen Veränderungsmodelle hat sich folgende Darstellung bewährt (vgl. Abbildung 2):[5] Sie sind bei A und wollen nach B. Wie sieht Ihr Weg dazwischen aus? Die Bilder werden eines nach dem anderen mit der Klientin auf ihre Auswirkungen für den Veränderungsprozess reflektiert (»Angenommen, das stimmt. Was hieße das für Sie?«).

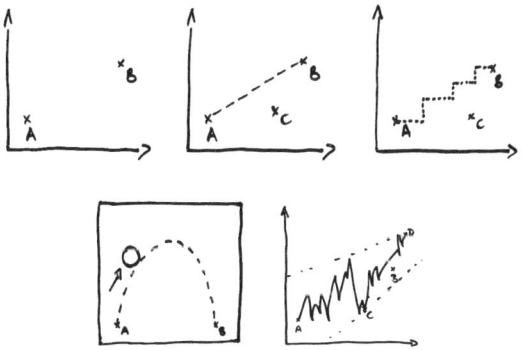

Abbildung 2: Mentale Veränderungsmodelle

---

4  Dies könnte natürlich auch ein Einstieg in die Zwei-Stuhl-Arbeit im Sinne selbstkritischer Dialoge sein. Wir kommen darauf später zurück (siehe Kapitel »3.5 Selbstkritische Dialoge«).
5  Diese Darstellungsform erreichte mich per Flüsterpost. Auf die Reise hat sie Hans Lieb geschickt, dem ich hierfür danken möchte.

Die kürzeste Verbindung zwischen zwei Punkten ist die Gerade. Allein ihr Anblick reicht für eine Aktualisierung der Lebenserfahrung: »Dies ist eher unwahrscheinlich.« Es wird offensichtlich: Wer den geraden Weg verpasst (C), sieht sich auf *keinem* Weg und hat die Wahl zwischen Neuanfang und Aufgeben. Gleichzeitig ist die Gerade ein unglaublich motivierendes Modell: Wenn ich meine Schritte gehe, werde ich an mein Ziel kommen. Kontinuierlich werde ich für jede meiner Mühen etwas ernten. Doch auch hier souffliert die Lebenserfahrung: Keiner erntet mit jedem Gießen eine reife Tomate.

Das Stufenmodell verschafft solchen Frustrationen Raum, weil es davon ausgeht, dass es Phasen des Säens gibt, in denen auf Erfolg gewartet werden muss. Dafür gibt es dann aber immer wieder Sprünge, kleine Erntefeste, die einen spüren lassen, dass man gut unterwegs ist. »Wir werden feiern« ist die Perspektive, die hilft, Geduld entstehen zu lassen. Selbstredend ist der Treppensturz (C) nicht minder verletzend als die verpasste Geradlinigkeit und bedeutet wiederum: Neuanfang oder Aufgeben.

In etwas anderer Logik kommt das Bild der Kugel daher, die über einen steilen Berg geschoben wird. Es illustriert große Anstrengung zu Beginn und ein späteres Leichterwerden. Gerade am Anfang gilt damit aber auch: ganz oder gar nicht. Ein bisschen Kugelschieben ist nicht.

Das vierte Bild zeigt einen Zickzack-Kurs, der Freuden und Ernüchterungen vorhersieht und den wesentlichen Vorteil des Enttäuschungsschutzes bietet. Am Ende erreicht man vielleicht nicht sein ursprüngliches Ziel (B), dafür jedoch einen nicht minder guten Punkt (D). Und die Erkenntnis: Die Tendenz muss stimmen (gestrichelter Korridor).

Diese einfachen Darstellungen laden den Klienten dazu ein, sich selbst zu reflektieren und die eigene Lebenserfahrung auf den Plan zu rufen. Krisen und Rückschläge im Beratungsprozess werden von Anfang an als Teil des Weges erkennbar.

Ist die notwendige Anpassungsleistung der Klientin griffig geworden, lohnt die Frage nach der geschätzten Dauer des Weges. Oft haben Klienten dafür ein gutes Gespür, und dennoch hilft es, vor der Beraterin und sich selbst auszusprechen, dass man dafür überhaupt Zeit brauchen darf. Falls kein Gespür vorhanden ist, hilft manchmal die Reflexion von Daumenregeln à la »Ein Kollege von mir meint immer, so lange wie man reingeht, braucht man auch, um wieder rauszukommen … Was halten Sie davon? Könnte da was dran sein? Warum könnte das für Sie (nicht) zutreffen?«. Auch wenn letztendlich die Antwort nicht *gewusst* werden kann, gibt es oft ein Gefühl für die folgenden Aspekte:

1. Geht es um *Ungeschehenmachen* oder *Veränderung?* Ersteres ist das Ausbügeln eines Fehlers in kürzester Zeit, Letzteres ein tief greifender Wandel des Selbstbildes, der von der Bewusstwerdung zur Etablierung als neuer Gewohnheit Monate, vielleicht auch Jahre braucht.
2. Vor dem Hintergrund der Dauer des implizit gepflegten Selbstverständnisses: *Welche Veränderung* traue ich mir zu? Die Kontrollbiene wird wohl nicht mehr zur Spontaneitätshummel, kann sich aber vielleicht öfter vom Wind treiben lassen, wenn dieser in die »richtige« Richtung weht.

## 2 *Wer scheitert eigentlich, wenn er scheitert?*

Scheitern setzt irgendeine Form von Identität voraus. Es ist immer irgend*wer*, der scheitert. Dabei ist es unwesentlich, ob es sich um ein Individuum, eine Gruppe, eine Familie oder eine Organisation handelt. Sie alle können nur scheitern, weil sie über eine Identität verfügen, deren Ansprüchen sie nicht gerecht geworden sind. Sie sind sich dessen bewusst und thematisieren dies (vgl. auch Vogt, 2014, S. 61). Dies führt uns zur Frage, was eine Identität eigentlich ist bzw. wie sie entsteht. Aus systemtheoretischer Perspektive ist auch Identität die Konstruktion eines Beobachters (Luhmann, 2005, S. 16 ff.). Es liegt folglich nahe, sich dafür zu interessieren, wie der Beobachter, der Identität beobachtet, beobachtet.

## 2.1 Identität als Vorausgesetztes

Eine Möglichkeit – mit langer Tradition und ausgeprägten Gewohnheitsvorteilen – ist die Beobachtung in Form der *Ontologie*: »*Sein* oder *Nicht-Sein?*«, das ist dann die Frage. Etwas *ist*, oder es *ist* eben *nicht*. Seine Identität wird als Prämisse mitgeführt. Wer fragt »Wo *ist* denn jetzt der Schlüssel schon wieder?!«, setzt die grundsätzliche Existenz des Schlüssels voraus. Auch und gerade, wenn er mal nicht da ist, ist der Schlüssel existent! »Es gibt auf Grundlage dieser Denkvoraussetzungen keine Möglichkeit Identität zu erzeugen« (Luhmann, 2005, S. 19). Sie wird schlicht vorausgesetzt, mit fatalen Auswirkungen auf Prozesse des Scheiterns. Denn diese machen die Identitätsabweichung existenziell bedrohlich. Schließlich bin ich Dr. Meier-Schulze, und ein Dr. Meier-Schulze verliert seinen Schlüssel doch nicht! Ist also der Schlüssel weg, ist es gewissermaßen auch Dr. Meier-Schulze. Alles, was nicht *ist*, ist vernichtend, da seine Nichtexistenz auch die Nichtexistenz dessen zur Folge hat, für das es die Voraussetzung war.[6] Wer, bewusst oder unbewusst, dieser ontologischen Identitätsauffassung folgt und sich damit auf einen bestimmten Wesenskern festlegt (»Ich bin ein Winner-Typ.«) erfährt jegliche Abweichung als existenzbedrohend:

---

6  »Das Problem der ontologischen Metaphysik liegt in der Reduktion aller Unterscheidungen, den Beobachter selbst und seinen Wahrheitsanspruch eingeschlossen, auf die Unterscheidung von Sein und Nicht-Sein. Das führt zu einer extrem strukturarmen Theorie mit entsprechendem Ergänzungsbedarf« (Luhmann, 2005, S. 19).

Herr U., jahrelanger Vorstand, Mitglied diverser Aufsichtsräte und im Alter ehrenamtlich als Führungskraft divers engagiert sowie promovierter Ingenieur, erlebt nach einer OP einen völligen psychischen Zusammenbruch. Er entlässt sich gegen Anraten seiner Ärzte vorzeitig, um wieder seinen Verpflichtungen nachgehen zu können. Im Alltag angekommen stellt er fest, dass ihm schlicht die Kraft fehlt, wieder in Führung zu gehen. Obwohl die OP gut verlaufen ist, bricht er nervlich zusammen und erlebt sich als in seiner Existenz bedroht. »Ich bin Doktor U. und kein Verlierer.«

Begegnungen mit dieser Klientel machen wir gemeinhin selten. Die Schmach, die solche Menschen empfinden, wenn sie sich die eigene Unverfügbarkeit eingestehen müssen, ist schlicht zu groß. Dennoch ist es wichtig, sich für ontologische Identitätskonstruktionen zu sensibilisieren. Wer darin gefangen ist und scheitert, ist existenziell bedroht. Ziehen wir dies als Hypothese für die Erklärung von Prozessen heran, »die irgendwie nicht weitergehen«, sehen wir, dass die Akzeptanz einer Abweichung für die Betroffenen existenziell bedrohlich ist. Stellen wir uns einen Mann vor, der von seiner Frau vor fünf Jahren verlassen wurde. Sie hat zwischenzeitlich einen neuen Partner gefunden. Der Mann hadert mit der Trennung noch immer, er kann sich von seiner Frau nicht lösen. Hier lohnt sich die Exploration, was das Annehmen der Trennung für den Klienten so bedrohlich werden lässt. Folgende Fragen können in solchen Fällen der Realitätsverweigerung sinnvoll sein:

- Was macht es für Sie so bedeutsam? Warum halten Sie noch immer daran fest?
- Was ist es, ohne das Sie glauben, nicht leben zu können? Worauf können Sie diesbezüglich unter keinen Umständen verzichten?

- Wer wurden Sie durch X? Was an Ihnen hat Ihnen am Leben mit X so gut gefallen?
- Was hat X von Ihnen noch im Gepäck, womit Sie X nicht ziehen lassen wollen?
- Wirklich Abschied zu nehmen, würde für Sie bedeuten …
- Angenommen, Sie würden sich damit anfreunden, also Gras über die Sache wachsen lassen, ein neues Leben beginnen … Wie fühlt sich diese Idee für Sie an? Was macht sie für Sie so schmerzvoll, bedrohlich, aversiv?

Jede Veränderung hat ihren Preis. Vor dem Hintergrund eines ontologischen Identitätsbegriffes erscheint Anpassung als Selbstverrat. Die aufgeführten Fragen helfen, den Identitätsverlust besser zu verstehen und ihn dem Preis der Nicht-Veränderung gegenüberzustellen (»Und wenn das nun so bleibt, wo stehen Sie dann? Nächste Woche, in fünf Monaten, in einem Jahr, in fünf Jahren?«). Dieses Vorgehen hilft Klientinnen mitunter über den »eigenen Schatten« in einen neuen Identitätsentwurf zu springen.

## 2.2 Identität als narrativ Entstehendes

Verzichten wir auf »ontologische Identitätsvorgaben«, kommen wir zu einer Perspektive, die Luhmann als »genetisch« bezeichnet. »Wir fragen nicht, *was* etwas Identisches *ist,* sondern *wie* das erzeugt wird, was dem Beobachten als Identisches zu Grunde gelegt wird« (Luhmann, 2005, S. 21).

Hierfür bietet er zwei weitere Unterscheidungen an. Die erste lautet *kondensieren/konfirmieren.*

Kondensieren meint durch Wiederholung sichtbar machen. Identität ist dann etwas, das durch Wiederholung entsteht, sich über die Zeit und viele einzelne Akte gewissermaßen »herausmoppelt«. Etwas implizit Identisches wird durch die Wiederholung des dazugehörigen Aktes sichtbar. Improvisationstalente zaubern heute ein Drei-Gänge-Menü für die unangekündigt erschienenen Eltern, auch wenn nichts im Haus ist, haben letztes Wochenende den Kindern beim Fahrradausflug aus Plastiktüten Regenjacken für den Wetterumschwung gebastelt und schon als Schüler Hausaufgaben und Referate am Morgen im Bus vorbereitet. Im Handeln liegt implizit der Wesenszug, der in der Zusammenschau der unterschiedlichen Situationen sichtbar wird.

Konfirmieren wiederum meint die Bestätigung eben dessen. Und so erzählen die begeisterten Eltern beim Abendschmaus dem Schwiegersohn dann zum x-ten Mal die »Referatsgeschichte« als Beleg der pfiffigen Findigkeit ihres Töchterchens.

»Rausmoppeln« und Bestätigung, beide Seiten der Unterscheidung, lassen Identität entstehen. In der Beratung nutzt Michael White (2010) diese Unterscheidung mit seiner narrativen Therapie geradezu virtuos.

Wer Geschichten über sein Leben erzählt – und wer tut das nicht? –, definiert damit gleichzeitig immer auch seine eigene Identität. »Jeder Mensch erfindet sich früher oder später eine Geschichte, die er für sein Leben hält, oder ein ganze Reihe von Geschichten«, schreibt Max Frisch in seinem Roman »Mein Name sei Gantenbein« (Frisch, 1975, S. 45). Werden Scheiternsnarrative zur dominanten Erzähllinie unseres Lebens, werden Vergangenheit und Zukunft zunehmend defizitorientiert wahrgenommen und erzählt. Wir sind dann in unserer Selbsterzählung eingeschränkt auf das, was einfach nicht klappen mag oder zu dem wir scheinbar noch nie imstande waren und sein werden (in Abbildung 3 gestrichelt). Vergangenheit und Zukunft sind Konstruktionen der Gegenwart, die einander verstärken. Jede Vergangenheit ist Vorbote einer bestimmten Zukunft und jede Zukunft greift auf eine ganz bestimmte Vergangenheit als Erklärung voraus. Erzähllinien fokussieren unsere Aufmerksamkeit und beeinflussen so, was uns möglich und unmöglich erscheint.

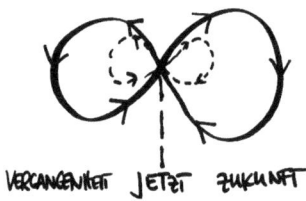

Abbildung 3: Defizitorientierte und ressourcenreichere Erzähllinien[7]

Die narrative Therapie lädt Klienten deshalb ein, vernachlässigten, aber bedeutsamen Ereignissen in ihrem Leben einen Sinn zuzuschreiben und defizitlastige Erzähllinien über das eigene Leben infrage zu stellen (White, 2010). Als Einstieg bietet sich beispielsweise eine positive Ausnahme vom Problem an, die entlang der narrativen Exploration durch jüngere, entfernte und ferne Vergangenheit an Festigkeit gewinnen soll, bevor sie auf ihr Gestaltungspotenzial für die nahe Zukunft hin exploriert wird. Erst dieser Ritt durch die Zeit fügt der Ausnahme eine in der Identität des Klienten verankerte Gewissheit bei. White nennt dies »ein Gerüst bauen« (White, 2010).

Ein Mann kommt zum Vorgespräch für einen Gruppentherapieplatz. Eigentlich sei er nicht so der »Gruppenmensch« und eigentlich habe er auch wenig Hoffnung, dass das Ganze irgendetwas bringe. Er habe sich mit seinem Beruf ins absolute Abseits manövriert, befinde sich in einer Sackgasse, aus der er keinen Ausweg mehr sehe. Für externe Bewerbungen sei er nun zu alt. Nun habe aber seine Therapeutin gemeint, dass eine Gruppe gut für ihn sei, und nun sei er da.

---

7   Ich bedanke mich bei Torsten Groth für die Idee zu dieser Darstellung.

»Skeptisch, aber da.« Auf die Frage, was seine bloße Anwesenheit in diesem Vorgespräch über *ihn als Person* aussagen könnte, mal abgesehen davon, dass er offenbar ein sehr loyaler Klient sei, antwortet er nach einer längeren Pause, noch relativ verhalten: »Ich bin neugierig.« Auf die Frage nach einer Geschichte, die helfe, diese Neugier besser zu verstehen, erzählt er nach einiger Überlegung von einer Situation nach seinem Studium. Er entschloss sich damals gegen eine Promotion, mit der er bereits begonnen hatte, und für ein für sein Umfeld nicht nachvollziehbares Praktikum in der Land- und Forstwirtschaft. Auf die Frage, was diese Geschichte uns über ihn als Person und seine Neugier verraten würde, antwortet der Klient nach einer gewissen Bedenkzeit: »Ich will mit der Welt, der Natur in Kontakt sein. Ich will spüren, was ich mit meiner Arbeit tue. Und ich will etwas tun, was allen guttut.« Neugierig, Kontakt spüren mit Welt und Natur, Gutes tun, das sei für ihn wesentlich, bestätigt er auf Nachfrage. Nach einer weiteren Geschichte gefragt, in jüngerer oder fernerer Vergangenheit, die diese Eigenschaften, insbesondere den Aspekt »Gutes tun« nochmals beleuchtet, erzählt er, dass er als Junge seinen zwei jüngeren Geschwistern das Fahrradfahren beigebracht habe. Noch heute erinnere er sich gerne an das Gefühl, das Mitrennen, das Loslassen, das Mut Zurufen. Nach einiger Exploration kann seine Faszination auf den Punkt gebracht werden: »Es braucht nicht viel und man ist frei.« Wir fassen zusammen, was wir über ihn gelernt haben: Neugier, Natur spüren, anderen mit Wenig zu mehr Freiheit helfen. Und wir fragten uns im Anschluss, was das für ihn für die nähere Zukunft, für die Gruppe und die Berufswahl bedeuten könne. Der Transfer fällt ihm nun leicht.

Die Logik der Befragung im Sinne Whites folgt der Unterscheidung von Handlungs- und Identitätslandschaft. Die Handlungslandschaft bezeichnet die konkreten Ereignisse und Handlungen. Die Identitätslandschaft umfasst den Identitätsgehalt dieser Ereignisse, die Werte und Bedeutungen der Protagonisten. Das positive Ereignis innerhalb der Handlungslandschaft wird auf seinen Identitätsgehalt hin hinterfragt (»Was könnte das über Sie als Person aussagen, dieses …?«). Von der ersten Stimmigkeit (»Neugier. Ja? Passt das?«) ausgehend, werden in der Folge Geschichten gesucht, die in eine ähnliche Richtung gehen und durch die Wiederholung das Werte-/Identitätskondensat deutlicher werden lassen (»Können Sie mir dazu noch mehr erzählen, zu dieser Neugier? Gibt es vielleicht eine Geschichte aus Ihrem Leben, die mir helfen würde, das noch besser zu verstehen, was damit für Sie verbunden ist?«). Dieses Wechselspiel zwischen Handlungs- und Identitätslandschaft wird mehrere Male durch die jüngere, ältere und gegebenenfalls sehr alte Vergangenheit durchlaufen (Neugier – Praktikum – Spüren, Gutes tun – Fahrradlehrer – mit Wenig in die Freiheit helfen). Die Form der Befragung stellt dabei sicher, dass die positive Eigenschaft, die in der Ausnahme aufscheint, an Festigkeit gewinnt. Ist dieser Prozess geglückt, spiegelt sich das auch in einer größeren Bestimmtheit in Ausdruck und Stimme des Klienten wider. Nun kann ein Ausblick auf die nahe Zukunft gewagt werden: »Wenn das für Sie entscheidend ist, was könnte das für die nächsten Wochen bedeuten (Gruppe, Jobsuche)?«

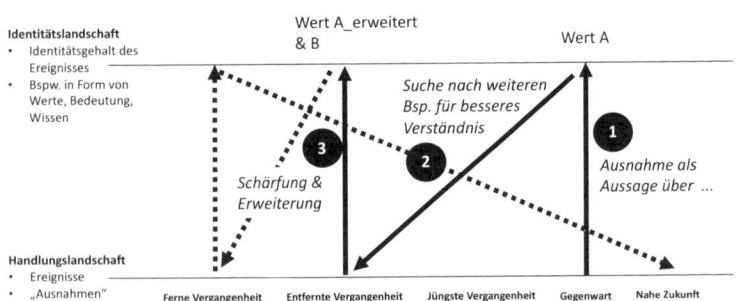

Abbildung 4: Prozess der narrativen Befragung im Sinne Whites

Abbildung 4 fasst den Prozess zusammen. Ferner sind beispielhafte Fragen für Handlungs- und Identitätsebene aufgeführt.

1. Fragen, die von der Handlungslandschaft zur Identitätslandschaft führen
   - Wie kann man dieses Ereignis möglicherweise verstehen? Was könnte das über Sie aussagen? Vielleicht etwas darüber, was Ihnen wichtig und wertvoll ist?
   - Inwiefern hat dieses Ereignis auch Ihren Blick auf Ihre Persönlichkeit geprägt?
   - Was sagt das über Sie aus, worauf wird hier die Hoffnung gesetzt, wofür wird sich stark gemacht?
   - Bei »Zukunftsereignissen«: Was würde es Ihrer Meinung nach über Ihre Ziele und Pläne für die Zukunft ausdrücken, wenn Sie sich dazu entschlössen?

2. Fragen, die von der Identitätslandschaft zur Handlungslandschaft führen
   - Das würde ich gern noch besser verstehen, diesen Wert X genauer fassen. Fällt Ihnen dazu noch ein Beispiel aus der jüngeren oder etwas ferneren Vergangenheit ein, das dazu passen könnte?
   - Noch eins? Vielleicht in ganz früher Zeit? Vielleicht etwas, an das Sie sich nur erinnern können, weil es Ihnen als Geschichte über Sie erzählt wurde? Oder etwas aus jüngerer Vergangenheit, das uns dabei helfen könnte, noch besser zu verstehen, worum es Ihnen dabei geht?
   - Ich überlege gerade, was der Wert X für Sie heute bedeuten könnte, ich meine, wenn er in näherer Zukunft wieder mehr zum Vorschein käme. Was würde das bedeuten? Was wäre dann anders, in Ihren Beziehungen, bei der Arbeit, …?

In solchen Gesprächen legt man Meilen zurück (White, 2010). Während wir mit verschiedenen Fragetechniken versuchen, die Problembeschreibungen zu verflüssigen (»Wann ist es stärker, wann weniger stark?«), sensibilisiert uns Whites Vorgehen für hilfreiche Verfestigungsbewegungen. Die Praxisrelevanz der zunächst vielleicht sperrigen Begriffe des Kondensierens und Konfirmierens sollte damit deutlich geworden sein.

## 2.3 Identität als Aktualisiertes

Als dritte Unterscheidung bietet Luhmann die der *Aktualität* und *Potenzialität* (2005). Identisches zeigt etwas im Moment und versteckt damit etwas anderes, das sich jetzt noch nicht zeigt. Diese Unterscheidung ist sicherlich mit der von Kondensieren und Konfirmieren verknüpft, eröffnet für die beratende Arbeit jedoch einen anderen Fokus. Jemand zeigt sich im Moment als gescheitert, führt damit aber gleichzeitig eine Potenzialität mit, die es zu entwickeln gilt. Letztendlich läuft diese Unterscheidung auf die Frage hinaus, zu welcher neuen Bekanntschaft mit mir selbst mich das Leben nun einlädt.

Herr B. ist 24 Jahre alt, BWL-Student, wortgewandt, sozial engagiert, gutaussehend. Einer, dem das Leben, so scheint es, zufliegt. Bis auf Mathematik. Wenn er die bevorstehende Prüfung nicht bestehe, bedeute das das Studienende ohne Abschluss. Keiner wisse davon, und allein davon zu berichten, falle ihm schwer. In der Exploration wird deutlich, dass er immer dann, wenn er für den Test lernen wollte, von Gefühlen der Nichtigkeit und Minderwertigkeit heimgesucht wurde. Vor diesen fliehe er dann in ein Computerspiel, das diese Gefühle mit jedem »Kill« ein wenig mehr in Kompetenzgefühle verwandle. Diese digitale Flucht vor Gefühlen des Ungenügens kenne er auch aus anderen Lebensbereichen; bezüglich der Mathematik sei sie besonders stark. Wir rahmen seine Situation wie folgt: Er stehe nicht nur vor der Frage »Schaffe ich Mathe oder nicht?«, sondern vor einem zentralen Scheidepunkt seines Lebens: Beginne ich zu lernen, mich als Unvollkommenen und somit wirklich als Lernenden anzunehmen? Gemeinsam entwickeln wir zwei Zukunftsszenarien: Was bedeutet es für mein Leben, wenn ich es mir jetzt erlaube, (nicht) so weiterzumachen wie bisher, diese neue »Noch-nicht-können-Aushalt-Qualität« (nicht) zu entwickeln? Wie wird mein Berufseinstieg verlaufen? Wie geht es folglich mit meiner Karriere weiter? … Aber auch: Was heißt das für mein Beziehungsleben? Was für ein Partner, Ehemann, Vater kann ich sein, wenn ich mich an dieser Stelle (nicht) entwickele? Das Ausloten dieser Potenzialitäten macht dem Klienten deutlich, wie viel auf dem Spiel steht und wofür es sich zu kämpfen lohnt. Das in der Folge der Sitzung stattfindende offenbarende Gespräch mit den Eltern mitsamt der temporären Abgabe seines Laptops, die Suche nach Nachhilfe und nicht zuletzt das Lernen selbst werden für ihn leichter.

Wer mit Potenzialität arbeitet, sollte den Körper einbeziehen. Um kognitive Luftnummern zu vermeiden, ist es lohnend, »Zukünfte« zu erfinden, die unsere *somatischen Marker* (Storch u. Krause, 2007) positiv ausschlagen lassen:

- Angenommen, wir treffen uns in ein paar Jahren wieder und Sie sind diesbezüglich weiter, Sie haben sich neu kennengelernt, als einen Menschen, der nun auch … in seinem Repertoire hat … Was, meinen Sie, wäre ein guter Zeitraum, wann sollten wir uns wieder treffen, damit die Veränderung bereits spürbar geworden ist? Nicht abgeschlossen, schon gar nicht perfekt, aber spürbar? Zwölf Monate, zwei Jahre, fünf?
- Woran merken Sie diese Erweiterung Ihres Handlungsspielraumes? Was machen Sie dann, was Sie heute noch nicht machen?

Was wäre ein gutes Beispiel, um das zu illustrieren? Was wäre eine Szene, anhand derer ich erkennen könnte: Hier ist was dazugekommen?

– Und wenn Sie mir das so erzählen, wie fühlt sich das für Sie an? Wo im Körper spüren Sie das? Können Sie da mal die Hand hinlegen und erzählen, was dieses Gefühl ausmacht?

– Und wenn wir das noch ein bisschen stärker machen wollen würden, vorausgesetzt das ist für Sie überhaupt attraktiv, was müsste dann noch passieren?

Das Entwerfen von Zukunftsbildern setzt meines Erachtens immer voraus, dass das Erfolgsmuster, das zum Scheitern geführt hat, für den Klienten greifbar geworden ist (vgl. dazu auch Kapitel 1.1). Wer, um seinem Burn-out zu entkommen, eine Weltreise plant, sollte, bevor der Flieger abhebt, für sich begriffen haben, was er durch die kontinuierliche Überarbeitung für sich erreicht. Welcher Überlebensregel folgt er? Gilt beispielsweise »Nur wer leistet, ist was wert«, ist die Tour durchs Himalaya-Gebirge mit kontinuierlicher Selbstberichterstattung in den Sozialen Medien vielleicht nicht zwingend das hilfreiche Kontrastprogramm, als das die Reise zunächst daherkam. Nur wer das implizite Muster für sich erfasst hat, kann vermeiden, dass er das weiße Blatt Zukunft trotz neu ausgestatteter Farbpalette am Ende doch nur wieder mit dem immer gleichen Motiv bepinselt. Erst dann lohnt es sich, ein attraktives Zukunftsbild zu entwickeln und dieses im Sinne der somatischen Marker (Storch u. Krause, 2007) mit dem eigenen Körpererleben rückzukoppeln. Die kleine, für den »Gescheiterten« aber wesentliche Unterscheidung ist, dass ihm im Prozess deutlich wird, dass eine *theoretisch bessere Zukunft*, um die er meist bereits weiß, für ihn als *praktisch bessere Zukunft* fühlbar wird.

# 3 Scheitern als Scheitern des Selbst

Im vorangegangenen Kapitel wurde entlang der Unterscheidungen von Luhmann deutlich, dass Scheitern ein identitätsnahes Ereignis ist. Es ist eben nicht nur ein Fehler, sondern *ich bin als Person* gescheitert. »Persona« meint die Maske, das Ich im öffentlichen Raum (vgl. dazu auch Luhmann, 2018). Damit ist jedes Scheitern ein doppeltes. Ich bin vor mir gescheitert und oft auch vor den anderen. Beiden Aspekten wollen wir uns nun zuwenden. Wir beginnen mit dem Scheitern vor mir *selbst* und kommen später auf das Scheitern vor anderen zurück (vgl. Abschnitt 3.4).

Zunächst bedienen wir uns einmal mehr der Systemtheorie, um vereinfachend abzustecken, was denn so ein Selbst überhaupt sein könnte (vgl. Fuchs, 2010).[8] Für psychische Systeme oder »Ich-Sager« (Fuchs, 2010, S. 55 ff.) gilt zunächst, dass diese ein »Selbstbild oder Selbstkonzept mitführen, das allein schon aus Komplexitätsgründen niemals mit der gelebten Wirklichkeit übereinstimmen kann« (Vogt, 2014, S. 62). »Existence is selective blindness«, bringt es Spencer-Brown auf den Punkt (2005, S. 192). Diese erste Erkenntnis ist zentral, da sie sich vom Erleben vieler Gescheiterten signifikant unterscheidet. Ich fühle mich *komplett* gescheitert. Meine Selbstauffassung oder (in der Terminologie von Fuchs) mein Selbstsystem umfasst jedoch immer nur einen kleinen Teil dessen, was mich tatsächlich ausmacht. Ressourcenorientierte Vorgehensweisen, wie das in Kapitel 2.2 vorgestellte von White, bedienen sich genau dieser Einschränkung, indem sie die Aufmerksamkeit auf ausgeblendete Selbst-Aspekte lenken.

Diese für jedes System gültige Selektivität des Weltzugangs wird durch das Selbstsystem und die ihm eigene Abstraktion nochmals

---

8   Wer hier vertiefend einsteigen möchte und vor anspruchsvoller Theorie nicht zurückschreckt, dem sei Peter Fuchs' »Das System SELBST« an dieser Stelle wärmstens empfohlen (Fuchs, 2010).

potenziert. Vogt bezeichnet dies auch als »Verdichtung«, was uns an den Kondensationsprozess von Identität erinnert (vgl. ebenfalls Abschnitt 2.2). Das Ergebnis ist eine »Instanz mit höherer Sturheit« oder eben ein Selbstsystem (Vogt, 2014, S. 62 f.). Selbstsystem und System sind dabei zwei voneinander zu unterscheidende, *eigenständige* Systeme. Ihre Beziehung kann als »Steuerungsverhältnis« beschrieben werden (Vogt, 2014, S. 63). So versorgt uns das Selbstsystem mit einer »normativen Dimension«, indem es Ist- und Soll-Werte generiert, um auf diese Weise eine dynamischere Umweltanpassung des Systems zu ermöglichen (Vogt, 2014, S. 63). All dies passt zu den bereits mit Bateson und Luhmann eingeführten Beschreibungen. Ähnliche Unterscheidungen kennen wir aus anderen Theoriekonzeptionen, beispielsweise der klientenzentrierten Theorie à la Rogers, die zwischen realem und idealem Selbst unterscheidet (vgl. Kriz, 2007, S. 169 ff.).

Was mit dem Verständnis des Selbst als Selbst*system* gewonnen werden kann, ist meines Erachtens die Betonung der *Trennung* beider Systeme. System und Selbstsystem sind nicht eins oder Teile desselben Systems. Sie sind geschlossene, autopoietische Systeme. Folglich kann das Selbst »niemals wahrnehmen, was das System tut, auf dem es reitet« (Vogt, 2014, S. 65). »Steuerung« meint daher eher, dass es sich um ein Arrangement handelt, das es dem »System ermöglicht, sich selbst in einer raffinierten Weise so zu *stören,* dass Selbstreflexion und Lernen möglich werden« (Vogt, 2014, S. 65). Dabei bleibt offen, auf welcher Seite die Veränderung stattfindet. So kann zum Beispiel Reue dazu führen, dass eine Veränderung auf der Ebene des Selbstsystems (Anpassung des Selbstbildes) oder auf der Systemebene (im Sinne eines härteren Arbeitens an den gemachten Fehlern) vollzogen werden kann (Vogt, 2014, S. 65). Scheitern lädt dazu ein, seine bislang erworbene Sturheit zu hinterfragen, also Anpassungen am Selbstsystem zu vollziehen.

Diese Anpassungen sind aufgrund der operativen Geschlossen-heit des Selbstsystems nicht zu unterschätzen. Wir können das Selbst-system nicht einfach von außen verändern, indem wir uns selbst neue Lebensregeln verschreiben. Aber wir können versuchen, das Selbst-system zu *irritieren* und *Rahmenbedingungen* zu schaffen, in denen Veränderung wahrscheinlicher wird. »Irritation, um neue Selbst-organisation im Selbstsystem anzustoßen« ist damit das einende Motto der im Folgenden dargelegten Interventionen. Selbstredend bedarf auch diese Entwicklung einer gewissen Zeit und, nicht sel-ten, einiger Ausdauer.

Zunächst soll jedoch auf eine Anerkennung hingewiesen werden, die jedem Gescheiterten gebührt. Wer scheitert, fordert sein Selbst-system heraus. Er kommt in die Auseinandersetzung mit sich selbst. Das ist nicht selbstverständlich, denn Scheitern ist immer durch Externalisierung abwehrbar! Mal haben es die Kollegen einfach nicht kapiert, mal war der Markt noch nicht so weit. Mal hätte die Ex-Frau einfach früher mit der Therapie beginnen sollen und mal der Ex-Mann seinen Mutterkomplex eher überwinden müssen. Die Mög-lichkeiten, das Scheitern abzuwehren, sind grundsätzlich unzählig. Schuld sind dabei immer die anderen. Wer scheitert, macht von all dem *keinen* Gebrauch. Er ist demnach fähig zur Selbstkonfrontation und hat damit gewissermaßen »Hunger nach sich selbst« bewiesen. Scheitern macht uns mit unseren »Verführbarkeiten« bekannt und stößt uns auf Stellen, die wir an uns noch nicht akzeptieren wollen.

## 3.1 Eine Gefühllandkarte zum Verständnis des Selbstsystems

Bevor ich als Beraterin »irritiere«, lohnt es zu verstehen. Auch in einer systemisch geprägten Therapie kann Irritation kein Selbstzweck sein. Sie dient der Verstörung dysfunktionaler Muster im Sinne des Klienten. Um sicherzustellen, dass dies funktioniert, zahlt es sich aus, das Selbstsystem zunächst besser zu durchschauen. Hier stellt der Zugang über die Emotionen der Klienten einen hilfreichen Einstieg dar. Denn: Wer ein Selbstsystem besitzt, verfügt über die Möglichkeit, dass »das vermeintlich gelebte Leben nicht mit den Bildern, Konzepten und Empfindungsprojektionen übereinstimmt, welche das Selbstsystem im Rahmen seiner Autopoiesis hervorgebracht hat. Scham, Schuld, Neid, Eifersucht und Reue beruhen allesamt auf Diskrepanzen zwischen Selbstsystem und dem, was das System, welches das Selbst als Grundlage hat, realisiert« (Vogt, 2014, S. 63). Über Emotionen erfahren wir die Bewertungsnormen des Selbstsystems. Das ist die Voraussetzung, um hilfreich irritieren zu können. Typische Begleiter des Scheiterns sind Peinlichkeit, Scham und Schuld.[9] Wie auch beim Stolz handelt es sich dabei um Gefühle, die sich allesamt auf die Wahrnehmung unserer selbst beziehen. Insofern werden sie auch als »selbst-bewusste Emotionen« bezeichnet (Tagney u. Tracy, 2012).[10]

Beginnen wir mit der *Peinlichkeit*. Goffman (1986) sieht darin eine »bedauerliche Abweichung von der Normalität«. Diese mag durch eine misslungene Selbstdarstellung oder dramaturgische Störungen in sozialen Interaktionen hervorgerufen werden (Döring, 2015). Damit handelt es sich immer um eine situative Erwartungsenttäuschung, die die soziale Ordnung aus dem Gleichgewicht bringt und die Interaktionskompetenz der Situationsteilnehmer fordert. Die beteiligten Akteure sind bemüht, unter Aufwand ihrer Ressourcen die Ordnung auf irgendeine Art weiter aufrechtzuerhalten, gefasst zu bleiben, zurück ins Spiel zu kommen. Wer bei seiner Chefin zum Essen eingeladen ist und (erneut) den Wein oder die Blumen als

---

9  Auch wenn wir hier im Folgenden Peinlichkeit, Schuld und Scham begrifflich zu unterscheiden versuchen, heißt das nicht zwangsläufig, dass diese Beschreibungen treffen, was unsere Klienten empfinden. Vielmehr resultiert daraus die Möglichkeit, präziser deren Erleben zu explorieren. Die Bedeutungsgebung des Satzes »Es ist mir peinlich« verbleibt beim Klienten.
10  Engl. »self-conscious emotions« (Tagney u. Tracy, 2012).

Gastgeschenk vergessen hat, mag peinlich berührt sein. Durch die Peinlichkeit, sei es in Form von verbaler Bekundung, Erröten oder beidem, bringt er jedoch auch zum Ausdruck, dass er verstanden hat, was sich eigentlich gehört und seiner Rolle als Gast und Mitarbeiter entspräche. Die Peinlichkeit heilt auf sozialer Ebene die Normabweichung. Folglich macht es Sinn, dass wir über solche Situationen leichter reden können und manchmal sogar mit linkischer Souveränität unser Fehlverhalten teilen: »So peinlich!«

In puncto Peinlichkeit können folgende Fragen helfen, das Normsystem des Selbst besser zu verstehen:

– Was ist das Schlimmste, was die anderen von Ihnen denken könnten? Was noch? …
– Mal angenommen, die würden das tatsächlich denken … Welche Konsequenzen hätte das für Sie? Welche noch?
– Für wie wahrscheinlich halten Sie es, dass der Vorfall X diese Bewertung Y zur Folge hat? Welche alternativen Bewertungen fallen Ihnen noch ein? Gibt es freundlichere oder noch unfreundlichere?
– Nun scheint es ja so zu sein, dass Ihnen die Meinung der anderen sehr wichtig ist. Weshalb eigentlich? Was haben Sie davon? Was nicht?

Bei *Scham*gefühlen wird angenommen, dass der Bezug zu unserem individuellen Selbst mit seinen zentralen Werten (»core self«) enger ist als bei Peinlichkeitsgefühlen. Peinlichkeit wird wahrscheinlicher erleben, wer sein Selbst einer (vorgestellten) Öffentlichkeit ausgesetzt sieht (»presented self«; Döring, 2015). »Wer sich schämt, fühlt sich als schlechter Mensch, er ist deprimiert und niedergeschlagen, wer peinlich berührt ist, fürchtet, dass er in den Augen der anderen ein schlechtes Beispiel abgegeben haben könnte, er fühlt sich lächerlich (foolish), entblößt, zur Schau gestellt und vereinzelt« (Hallemann, 1990, zit. nach Döring, 2015). So kann man sowohl seinen Partner wie seine Wohnung lieben. Wenn aber die Schulfreundinnen zu Besuch kommen, ist einem auf einmal beides peinlich. Scham empfinde ich hier noch nicht. Erst, wenn ich mich später frage, wie ich auf so einen Halunken reinfallen konnte, warum mir dies immer wieder passiert …, wandelt sich die Peinlichkeit in Scham.[11]

Für die Exploration der Scham können folgende Fragen helfen:

- Was ist Ihnen so unangenehm, dass Sie sich am liebsten verstecken wollen? Was werfen Sie sich genau vor?
- Inwiefern ist das (Erlebnis des Scheiterns) für Sie ein ungewohnter Vorgang? Das heißt, Sie haben es bislang geschafft, ohne derlei Erfahrungen durchs Leben zu gehen? Falls nein, wie war das damals? Falls ja, gegebenenfalls: Respekt! Wie haben Sie es geschafft davon so ungewöhnlich lange unberührt zu bleiben?
- Gibt es im Büro oder im Freundeskreis Personen, die Sie schätzen? Mal angenommen, ihnen wäre etwas Ähnliches passiert. Wie würden Sie das bewerten? Inwiefern würde sich die Bewertung der anderen von Ihrer eigenen unterscheiden?

Bei Peinlichkeits- und Schamgefühlen liegt der Fokus auf der Bewertung meines Selbst (»*Ich* habe X vergessen.«), bei *Schuld* auf der Bewertung meiner Handlung (»Ich habe X *vergessen*.«). Peinlich-

---

11 Über die leibliche Erfahrung hinaus sind Peinlichkeit und Scham »gefühlsmäßig« jedoch nicht zu unterscheiden (Döring, 2015). Sie können sich überlappen, jedoch kann Peinlichkeit auch ohne Scham auftreten, wenn ihr Auslöser nicht das Selbst des Erlebenden ist – die im Volksmund bezeichnete »Fremdscham«, die nach dieser Definition eigentlich eine »Fremdpeinlichkeit« ist.

keit fokussiert stärker darauf, wie *ich selbst dastehe*. Scham, ob *ich mir selbst gerecht* wurde. Schuldgefühle beziehen sich auf die *Konsequenzen* meiner Handlung *für den anderen*. Hilfreiche Fragen sind:

-  Mal angenommen, X wüsste, wie Sie empfinden ... Welchen Unterschied würde das für Sie machen? Wäre das dann besser, schlechter, anders oder gleich?
-  Wenn Sie sich vorstellen, Sie teilen X Ihr Empfinden mit ... Welches Gefühl entsteht dann in Ihnen – kurz bevor Sie sich mitteilen, währenddessen, danach?
-  Angenommen, Sie entscheiden sich, nicht das Gespräch zu suchen. Was ist die Konsequenz? In einem Jahr, in zwei Jahren, in fünf Jahren?
-  Gibt es einen Zeitpunkt, an dem die Schuld verjährt ist?
-  Mildernde Umstände gibt es bei »guter Führung« und »Einsicht«. Was könnte das für Sie bedeuten?

Verantwortlichkeit moderiert dabei lediglich die Intensität des vorherrschenden Gefühls, bestimmt aber nicht, ob mir mein Verhalten peinlich ist, ich mich dafür schäme oder ich mich schuldig fühle. So kann mir ein gemeinsames Essen mit Freunden zur Pein werden, wenn die selbstgemachte Fischsuppe wirklich gar nicht schmeckt. Dieselbe Situation könnte auch schamhaft besetzt sein, weil ich meiner eigenen Norm (»das perfekte Dinner«) nicht gerecht werde. Auch Schuldempfinden ist möglich – alle haben sich extra freigenommen und jetzt: Fischvergiftung. Man bemerke, die Verantwortung moderiert lediglich die Stärke der Gefühle, sie entscheidet aber nicht, welches Gefühl gewissermaßen »vorschmeckt«.

Die Unterscheidungen der Gefühle sollen helfen, das Selbstsystem unserer Klienten besser zu verstehen und es besser explorieren zu können. Eine genaue Exploration hilft dabei, Sprache zu finden, und bringt Betroffene näher an ein Verständnis dessen, was sie von dem für Außenstehende oft Naheliegenden abhält.

## 3.2 Mit der Regel gegen die Regel

Setzen wir nur an der Irritation des Selbstsystems und den dazugehörigen Normen an, kann es hilfreich sein, darauf hinzuweisen, dass sich jede Regel gegen sich selbst richtet, wenn sie verabsolutiert wird. Sie entwertet sich gewissermaßen selbst.

Herr N. leidet unter starken – jedoch, wie er selbst weiß, unbegründeten – Sorgen, mit HIV infiziert zu sein. Auf die Frage, was für ihn *persönlich* schlimm an dieser Erkrankung wäre, äußert er: »dass ich dann meine Frau verletzen würde«. Ihm nahestehende Personen nicht zu verletzen, ist ihm im Laufe seiner Biografie, in der er immer wieder derartige Verletzungen seitens anderer bezeugen musste, zum Gebot geworden. Der Hinweis, dass er mit Sicherheit in der Verletzung landet, wenn er das Verletzungsrisiko minimiert, weil beispielsweise seine Partnerin ihn als real oder mental abwesend erlebt, sie keine Kinder – beide wollten eine Familie gründen – bekommen werden …, gibt ihm zu denken. Wochen später erwähnt er, über diesen Gedanken am meisten nachzudenken. Es verunsichere ihn, habe gleichzeitig aber auch etwas Befreiendes.

Dabei ist es unerheblich, was die Regel besagt. Wer sich immer leistungsorientiert zeigt, landet in der Erschöpfung; wer sich im Büro nichts »zuschulden kommen lassen will«, schafft dies zu Hause usw. usf. Der einfache Hinweis auf diesen Zusammenhang erlaubt die Normabweichung im Dienst der Norm, was mitunter Anpassungsprozesse des Selbstsystems erleichtert.

## 3.3 Der Selbstwertzirkel

Das Aufrechterhalten der Norm, gerade wenn diese real schon lange nicht mehr eingehalten werden kann, ist sicherlich eine der bedeutendsten Möglichkeiten, sich selbst zu schwächen. Diese Strategie wird jedoch oft nicht als entkräftend gesehen. Wenn Scheitern ein identitätsnahes Ereignis darstellt (vgl. Kapitel 0), bietet sie die Möglichkeit, mir durch die negative Verurteilung meiner Selbst wenigstens in meinen Standards treu zu bleiben. Für diesen kurzfristigen Achtungsgewinn muss ein hoher Preis gezahlt werden. In der Arbeit mit Klientinnen bietet sich für die Beschreibung dieser Zusammenhänge der Selbstwertzirkel an (Abbildung 5).[12]

Abbildung 5: Der Selbstwertzirkel

Der Selbstwert des Klienten, der zum Zeitpunkt der ersten Konsultationen ja meist beträchtliche Einbußen hat hinnehmen müssen, ist demnach ein »Abfallprodukt«. Ihm geht immer Selbstwirksamkeitserfahrung voraus. Und diese wiederum benötigt selbstbestimmtes Handeln, was Selbstannahme voraussetzt.[13] Wer sich selbst häss-

---

12  Die Darstellung ist eine Idee von Maria Zwack, der ich dafür danke.
13  Der Vollständigkeit halber soll hier darauf verwiesen werden, dass derlei Prozesse selbstverständlich grundlegend Selbst*wahrnehmung* erfordern. Ist diese nicht gegeben, gilt es zunächst an der Entwicklung genau dieser zu arbeiten.

lich findet (keine Selbstannahme), wird sich im Fitnessstudio oder unterm Solarium nicht selbstbestimmt erleben (»Ich *muss* das machen!«). Wenn sich dann doch wer in uns verliebt, dann doch nur, weil er nicht weiß, wie wir eigentlich sind (keine Selbstwirksamkeit). Und so bleibt der Selbstwert fragil. Im positiven Fall jedoch findet eine Annahme meiner Schwäche statt, die mich wählen lässt, wie ich meine Ziele erreichen möchte. Erfolge werden dann auch als Selbstwirksamkeit verbucht und stärken in der Folge den Selbstwert. In der Praxis lohnt es sich, diese scheinbar einfachen Zusammenhänge gemeinsam mit der Klientin zu explorieren. Sie verdeutlichen die Preise der übertriebenen Härte gegen sich selbst, die zunächst identitätsstärkend erscheint, spätestens mittelfristig aber schwächend wirkt.

Frau M. arbeitet als Altenpflegerin, ist geschieden und in der Folge alleinerziehend. Früher hat sie gedacht, so was »passiert den anderen«, aber nicht ihr. Denn sie »ist die Frau, die die Dinge gelöst bekommt«. Mit dem Scheitern der Ehe ist diese Prämisse ihres Lebens ins Wanken gekommen. Dennoch hält sie tunlichst daran fest, dass weder ihre Freunde noch ihre Schwestern noch das Arbeitsumfeld von der neuen Lebenssituation etwas mitbekommen sollen. Nach wie vor ist sie für die anderen da, nach wie vor arbeitet sie in allen Schichten. Da sie sich nun allein um ihre Tochter kümmern muss, gleicht dies mitunter einer Quadratur des Kreises und löst bei Frau M. solch starke Anspannungszustände aus, dass sie sich nur im Geheimen mit ihrer eigentlich schon über Jahre in Vergessenheit geratenen Bulimie zu helfen weiß. In der Arbeit mit dem Selbstwertzirkel wird deutlich, dass aus dem »Ich bekomme die Dinge gelöst« zum Beispiel auf der Arbeit ein »Ich muss es schaffen« geworden ist (kein selbstbestimmtes Handeln), das zwischenzeitlich als höchstes Gefühl ein »Glück gehabt, dass es heute noch mal geklappt hat« zur Folge hat (keine Selbstwirksamkeit). Der Boden wird damit für

Frau M. immer wackliger. Wäre für sie ihre Unterstützungsbedürftigkeit annehmbar, könnte sie das Gespräch mit der Bereichsleitung suchen, würde für sich wirksam werden und könnte erfahren, dass sie unterstützt wird. Wozu es in der Folge dann auch kam.

Scheitern ist die Grundlage von persönlichen Reifungs- und Entwicklungsprozessen. Es ermöglicht uns, die zu werden, die wir sind. Äußeres Unrecht als Berater anzuerkennen gehört wesentlich dazu. Wer jedoch dabei stehen bleibt, lässt das persönliche Potenzial der Erfahrung ungenutzt. Persönliche Verführbarkeiten haben meist einen Anteil am Scheitern – auch wenn sie dafür nicht ursächlich sein müssen. Stellen Sie sich einen Vorgesetzten vor, der Sie bereits morgens zur Begrüßung spüren lässt, dass er mit Ihnen eigentlich nicht mehr rechnet. Geschieht dies einmal, wird es Sie vermutlich nicht nachhaltig beunruhigen. Was aber schmerzt, sind seine Ausdauer und Findigkeit dabei, Ihnen gegenüber diese seine Haltung immer wieder aufs Neue zu demonstrieren. Auf Ihre um Professionalität bemühte Nachfrage, welche Aufgaben er für Sie vorgesehen hat, kommt keine Antwort. Vielmehr werden Ihnen immer mehr Aufgaben weggenommen. Sie schlafen schlecht, sind angespannt und vermuten zunehmend hinter allem und jedem ein Komplott des Chefs.

Keiner verdient ein solches Verhalten. Und gleichzeitig ist es lohnend, sich zu fragen: Was macht mich so starr, was bremst mich, warum handele ich nicht? Warum beschwere ich mich nicht? Warum sorge ich nicht für Öffentlichkeit? Oder: Warum bin ich noch nicht gegangen? Die Antworten darauf können unterschiedlich sein. Die narzisstische Kränkung, es dieses Mal zum ersten Mal nicht geschafft zu haben, der Selbstzweifel, eine andere Position finden zu können, das in der Biografie begründete Verbot, für die eigenen Bedürfnisse »auf die Straße« zu gehen … Ihnen gemein ist, dass diese Handlungen nicht im Rahmen der Handlungen liegen, die ich für mich als typisch und auch möglich ansehe. Im Fachjargon: Erleben und Handeln sind nicht ich-synton. Folglich wird allein der Gedanke an sie von Schamgefühlen begleitet. Die Antwort auf obige Fragen ist daher nicht trivial. Oft können wir zunächst kaum mehr sagen als: Es fühlt sich einfach falsch an.

### 3.4 Scheitern vor anderen

Wie bereits durch die Unterscheidung von Peinlichkeit und Scham deutlich wurde, ist Identität nichts, was wir nur mit uns selbst ausmachen. Es gibt kein Ich ohne eine Beziehung, in der dieses widerhallt. Damit wird unmittelbar ersichtlich, warum Scheitern als existenzielle Krise oft auch ein Scheitern *vor* den anderen ist und *die anderen* eine wesentliche Rolle im Prozess einnehmen. »Wir haben es nicht nur mit Selbst- und Fremdbildern zu tun, die innerhalb eines Systems miteinander abgeglichen werden, sondern darüber hinaus mit Reflexionen anderer Systeme, die beobachten, inwieweit die durch das System gelebte Praxis mit dem vermeintlichen Selbstsystem in Einklang steht« (Vogt, 2014, S. 66). Gefühlt verliert die Scheiternde nicht nur einen Teil von sich, sondern auch einen Teil ihres sozialen Kapitals, ihrer sozialen Identität, die sie bislang für ihre nährenden Beziehungen als wesentlich angesehen hat. Sie würde dies jedoch nicht als gravierend erleben, wenn ihr Selbstsystem nicht auch eben diesen anderen einen hohen Wert zuschreiben würde. Den Gürtel nach dem Verlust des Jobs enger schnallen zu müssen, fällt schwer; Salami statt Lachs im Kühlschrank. Beim Lieblingsitaliener samstags mit den Freunden nicht mehr in die Vollen gehen zu können, schmerzt, auch wenn man schon satt ist. Was da schmerzt, sind die meist nicht expliziten, aber erwarteten oder unterstellten negativen Bewertungen der Peers. Hier hilft das Auftragskarussell (vgl. von Schlippe, 2006) zur Entwicklung von Haltungen, die soziale Spielräume vergrößern.

Jeder, der sich in sozialen Systemen bewegt, agiert in einem Netz von Erwartungen. Genauer genommen handelt es sich um *Erwartungs-Erwartungen* (vgl. Luhmann, 2001), denn meist ist nicht gänzlich klar, ob das, von dem wir erwarten, dass man es von uns erwartet, auch tatsächlich erwartet wird. Das hindert Erwartungs-Erwartungen nicht daran, unser Denken und Handeln im System maßgeblich mitzubestimmen. Das Auftragskarussell hilft, Erwartungs-Erwartungen zu explizieren und eine neue Haltung zu offenen und verdeckten Aufträgen in Problemsystemen zu gewinnen (vgl. von Schlippe, 2006).

1. Zunächst werden ohne Zensur alle Auftraggeber gesammelt, die für die konkrete Situation wichtig sind. Für die Beraterin ist in dieser Hinsicht eine wichtige Frage: Wer noch? Und: Wer noch? … Hierbei können die üblichen Verdächtigen, aber auch unerwartete Personen eine Rolle spielen. In berufsbezogenen Fragen sind der Chef und die Kollegen meistens dabei, eventuell aber auch der Partner. Dabei muss es sich nicht zwangsläufig um natürliche Personen handeln. Auch der Verein, die Kirche, die Partei oder das Netzwerk können Träger von Erwartungen sein. Sich selbst sollte man auch nicht vergessen. Hierbei handelt es sich dann um »innere Auftraggeber«. Meist haben wir davon mehr als einen im Schlepptau.

2. Für jeden einen Stuhl! Stellen Sie um den Platz der Klientin herum für jeden der »Auftraggeber« einen Stuhl, sodass die Auftraggeberstühle diesen wie ein Kreis umschließen. Falls die Stühle nicht ausreichen, kann hier auch ohne Weiteres mit Moderationskarten gearbeitet werden. Finden Sie mit der Klientin einen treffenden Namen für den Auftraggeber und schreiben Sie diesen auf eine Moderationskarte (zum Beispiel »Das Team«). Darunter notieren Sie einen Satz, der die erwartete Haltung gegenüber dem

Gescheiterten prägnant zusammenfasst (beispielsweise »Du hast uns hängengelassen. Jetzt beweise dich.«). Machen Sie ruhig Vorschläge. Vergewissern Sie sich vor dem Notieren mit Passungsfragen und gehen Sie jedem Zögern nach (»Was fehlt?«).

3. Laden Sie die Klientin ein, in der Mitte des Kreises Platz zu nehmen und sich umzuschauen. Mit ihrem Platz in diesem Karussell geht meist ein starkes Gefühl der Blockierung einher. Laden Sie sie dazu ein, dieses bewusst wahrzunehmen und nachzuforschen: Wo ist es am stärksten? Beginnen Sie dort mit dem nächsten Schritt.

4. Als Nächstes wird das Karussell zum Sprechen gebracht. Falls Sie nicht in einer Gruppe arbeiten – hier kann mit Stellvertretern gearbeitet werden –, bietet es sich an, dass die Beraterin die Sätze der einzelnen Auftraggeber ausspricht. Hier können Sie unterschiedliche Intonationen anbieten und die Klientin auswählen lassen (»Ist es eher: ›*Du* hast uns hängengelassen‹? Oder: ›Du hast uns *hängengelassen!*‹?«). Ein Satz nach dem anderen wird so zunächst nur vorgetragen. Auch hier kann wieder rückgekoppelt werden: »Wie ist das für Sie, das so zu hören?« Möglicherweise lautet die Antwort: »Grauenvoll ... grauenvoll und unvollständig.« Dann: »Fehlt noch wer?« Möglicherweise lautet die Antwort aber auch: »Grauenvoll, aber so ist's wirklich!« Wenn Auftraggeber, Sätze und deren Intonation gefunden sind, kann das Erleben intensiviert werden, indem die Klientin eingeladen wird, die Augen zu schließen und jedem Satz nachzuspüren: Welche Aufträge hört sie besonders stark? Was lösen welche Schlüsselworte bei ihr aus?

5. Als Nächstes vergegenwärtigt die Beraterin der Klientin »das demokratische Grundgefühl«: Die Leibeigenschaft ist in unseren Breitengraden Geschichte. Niemand kann uns zwingen, einen Auftrag so anzunehmen, wie er uns gegeben wird. Es besteht kein Automatismus zwischen einem Auftrag und dessen Annahme.

Vielmehr habe ich alle Möglichkeiten: annehmen, nachverhandeln oder ablehnen.

6. Die Fülle differenzieren: Annahme, Modifikation oder Ablehnung. Bezüglich eines Auftraggebers nach dem anderen wird nun geprüft, inwiefern eine Auftragsannahme möglich ist. Häufig sind Modifikationen erforderlich: »Den Auftrag kann ich in dieser Form leider nicht akzeptieren. Ich kann aber das und das anbieten.« Dabei gilt das Augenmerk der Beraterin mindestens so sehr nonverbalen Signalen der Klientin wie dem Inhalt ihrer Aussagen: Ist die Stimme zögerlich, der Fuß tritt dabei aber leicht auf, wird eingeladen, die Fußbewegung zu intensivieren und es noch einmal zu wiederholen (»Ja. Machen Sie das noch mal bewusst und fester … Stampfen Sie mal auf und sagen Sie das noch mal: *So will ich das nicht annehmen …*«). An dieser Stelle geht es neben den Inhalten eben auch darum, sich von den vermuteten Erwartungshaltungen der anderen zu befreien. Es ist normal, dass dies im ersten Schritt zögerlich geschieht. Die Einladung der Beraterin zur Wiederholung ist wesentlich, um den Punkt in sich zu finden, von dem aus man mit einem Gefühl der Stimmigkeit in eine Abgrenzung oder Nachverhandlung gehen kann. Ist die Antwort gefunden, kann diese auf der Rückseite der Karte notiert werden. So werden die Moderationskarten zu einem schönen Anker, der im Stau, vor der nächsten Präsentation oder zu einem anderen Zeitpunkt noch einmal an die neu- oder wiedergefundene Haltung erinnern kann.

Wo es vorher oft den Wunsch gab, den Kollegen gar nicht unter die Augen treten zu müssen, und die Tendenz nahelag, einen Weg drum herum zu suchen, kann nach derlei Arbeit ein Gefühl entstehen, dass wieder mehr Luft zum Atmen da ist. Durch die bewusste Auseinandersetzung mit den Stakeholdern hat sich die Klientin wieder mehr Raum erarbeitet. Sie weiß wieder um ihren Platz und will diesen einnehmen.

Bei den Stimmen der anderen handelt es sich immer um *internalisierte* andere. Unabhängig davon, ob diese ihre Meinung explizit geäußert haben oder ob ich bestimmte Erwartungen nur vermute: Ich, und damit die Erwartungen meines Selbstsystems, haben ihnen letztendlich Einzug in mein Karussell gewährt. Deshalb lohnt auch hier die genauere Exploration: Was macht diese anderen so wichtig für mich? Welche Eintrittskarte gebe ich ihnen? Zu welchem Preis?

### 3.5 Selbstkritische Dialoge

Realität ist das Ergebnis dichter Beschreibungen (vgl. Simon, 2015). Unsere Wirklichkeit formt sich in Darstellungen, in denen *Beschreibung, Erklärung* und *Bewertung* miteinander einhergehen. Betrachten wir Scheiternsgeschichten entlang dieser Unterscheidung, wird deutlich, dass Scheitern sich nicht allein aus dem, was tatsächlich passiert ist, aus dem Beschriebenen, ableiten lässt. Die Aussage »Mir wurde gekündigt« kann vom Sprechenden als Bestrafung wie als Befreiung verstanden werden. Scheitern macht sich daher oft eher an der Bewertung des Geschehenen fest, dessen Ursache von der Scheiternden auf sich selbst zurückgeführt wird: »Ich hab's verbockt, … mein Beitrag hat nicht gereicht, … mal wieder, … wie immer, … war ja klar.«

Nun kennt die systemische Therapie und Beratung unter anderem mit dem Mittel der Externalisierung (White u. Epston, 2013; von Schlippe u. Schweitzer, 2013; Schmidt, 2015, insb. S. 283 ff.) wirksame Methoden, diese Form der Selbstverurteilung sichtbar zu machen und so einen wertvollen Beitrag zur Verflüssigung der zum Problem gehörigen Normen des Selbstsystems zu erzielen. Diesem Verfahren seien hier die Zwei-Stuhl-Dialoge mit selbstkritischem Anteil aus der Emotionsfokussierten Therapie (EFT) (Auszra, Hermann u. Greenberg,

2017, S. 196 ff.)[14] zur Seite gestellt. Wie die systemische Therapie ist auch die EFT ein prozessorientiertes, nicht normatives Verfahren. Insbesondere Systemikern eröffnet sie meines Erachtens die Möglichkeit, sich im Umgang mit der selbstkritischen Seite der eigenen – im Sinne der Allparteilichkeit – neutralen Haltung zu besinnen. Da ich davon ausgehe, dass dieses Vorgehen der systemisch geschulten Leserin nur in Ansätzen vertraut ist, erlaube ich mir, es hier etwas ausführlicher darzustellen. Einschränkend sei vorab erwähnt, dass diese Art des Zwei-Stuhl-Dialogs in Fällen kontraindiziert ist, in denen die Selbstkritik Resultat eines Täterintrojekts ist (Auszra et al., 2017, S. 221).

Zwei-Stuhl-Dialoge mit selbstkritischen Anteilen zielen auf eine neue, resilientere Selbstorganisation des Klienten. Begonnen wird dabei mit der Leitfrage, *wie* das symptomatische Erleben im Klienten *erzeugt* wird, also wie er sich hoffnungslos, depressiv, beschämt etc. *macht*. Implizite Bewertungen des Klienten werden mithilfe eines Zwei-Stuhl-Dialogs expliziert und in ihrer Wirkung unmittelbar erfahrbar. Zunächst nimmt der Klient auf einem zweiten Stuhl Platz, dem der *kritischen Stimme,* der dem des Klienten gegenübersteht, um von dort bewusst zum Ausdruck zu bringen, worin das Sich-Kritisieren, Sich-Beschämen, Sich-hoffnungslos-Machen genau besteht. Auf dem anderen Stuhl, dem des *erlebenden Selbst,* wird anschließend die emotionale (!) Reaktion auf diesen Bewertungsprozess exploriert. Mittels einer Paraphrasierung und vertiefenden Spezifizierung der Aussagen der kritisierenden Seite werden Emotionen aktiviert, die frustrierte Bedürfnisse deutlich werden lassen.

Zwei Bewegungen werden dadurch wahrscheinlicher: 1) Es kommt zu einer resilienten Neuorganisation, beispielsweise in Form von Selbstbehauptung oder Selbstakzeptanz der erlebenden Seite.

14 Besonderer Dank gilt an dieser Stelle Imke Hermann, die mich mit dem Verfahren vertraut gemacht hat.

2) Die kritische Seite wird im Anblick ihrer Wirkung weicher, was sich zum Beispiel in Form von Mitgefühl äußern kann.

Der Prozess lässt sich in vier Phasen unterteilen: die Identifikation und Reformulierung des »Markers« für den Einstieg in die

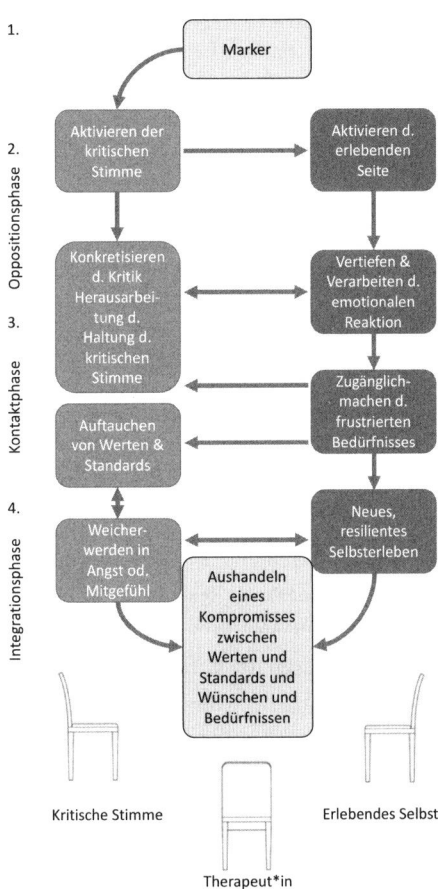

Abbildung 6: Schematische Darstellung selbstkritischer Dialoge

Stuhlarbeit, die Oppositionsphase, die Kontaktphase und die Integrationsphase. Diese sollen im Folgenden dargestellt werden. Wie in der systemischen Therapie (vgl. Pacing und Leading, bspw. bei Schmidt, 2015, S. 92) begreift sich auch in der EFT die Therapeutin als ein Gegenüber, dessen Vorgehen auf der Dialektik von Folgen und Führen fußt. Gefolgt wird in der EFT insbesondere dem emotionalen Erleben. Gesprächsmomente, in denen der Therapeut die emotionale Verarbeitung der Klientin anleitet, nennt man Marker (Auszra et al., 2017, S. 64). Die Darstellung der einzelnen Schritte orientiert sich an der von Auszra et al. (2017, S. 194 ff.), deren ausführlichere und verdeutlichende Lektüre sehr zu empfehlen ist. Abbildung 6 fasst diesen Prozess nochmals schematisch zusammen.

### Marker

Marker für einen selbstkritischen Konflikt können explizit oder implizit sein. Explizit sind Formulierungen, in denen die Klientin sich selbst tadelt, etwa: »Ich bin einfach zu blöd dafür«, oder: »Ich habe versagt. Ich hätte es wissen müssen und ich wusste es nicht.« Damit ist oft auch der Vorwurf verbunden, nicht genug getan zu haben: »Streng' dich mehr an. Mach' es besser, dann würde es auch klappen. Das reicht so einfach nicht.«

Implizite Selbstkritik wird meist über die Bekundung von Gefühlslagen deutlich, die Resultat einer selbstkritischen Beurteilung sind: »Ich fühle mich nutzlos/hilflos/wertlos/schuldig …«. Implizite Selbstkritik verbirgt sich mitunter auch hinter *projizierten* Bewertungen: »Ich habe mich voll blamiert. Die halten mich bestimmt für eine *lame duck* … Ich bin abgeschrieben, die denken doch alle, dass ich sofort überfordert bin …«. Die Betroffene liest (vermeintlich) die Gedanken der anderen und schmuggelt so die negative Selbstbewertung mitsamt ihrer emotionalen Wirkung in das »Erleben« der anderen. Wie realistisch diese Einschätzungen sind, ist zunächst sekundär. Sie verfehlen ihre Wirkung nicht und deuten auf einen selbstkritischen Prozess hin.

Klient: Das ist doch erbärmlich. Ich sollte das doch mittlerweile wissen. Ist doch simpel. Andere können das schließlich auch. Nur ich weiß nicht, was ich will, und bin damit einfach nur noch eine Enttäuschung. Für alle …

Therapeut: Ein Teil von Ihnen sagt: »Nur du kannst das nicht. Werd' endlich erwachsen?« So?

Klient: Ja, genau. Ist doch ein Trauerspiel.

Therapeut: Und wie geht es Ihnen, wenn Sie sich das sagen?

Klient: Ja, scheiße. Entschuldigung, aber so ist es. Ich fühle mich wie ein Versager. Ich komme mal wieder zu kurz, zu spät, wie immer. Reicht halt einfach nicht. Ich versuch's ja, aber es reicht nicht. Nie. Es ist zum Verzweifeln. Und dann mag ich auch nicht mehr. Will mich allem und jedem entziehen. Kein Bock zu gar nix …

Therapeut: Können wir uns das mal näher ansehen? Das scheint mir ein wichtiger Vorgang zu sein, was da passiert. Ein Teil von Ihnen schafft das ja irgendwie, dass Sie den Rückzug antreten, dass Sie aufgeben?

Klient: Ja, so fühlt sich das an.

Therapeut: Dass Sie aufgeben … Es wäre gut, diesen Prozess besser zu verstehen, wie dieser Teil das schafft. Ist das okay, wenn wir uns das genauer anschauen?

Klient: Ja, klar.

Therapeut: Gut. *(Holt zweiten Stuhl und stellt ihn gegenüber.)*

Zur Eröffnung des Dialogs ist nicht viel nötig. Ein Teil, eine Seite, die den Klienten bewertet, muss zum Sprechen gebracht und die emotionale Auswirkung auf ihn muss hinterfragt werden.

### Oppositionsphase

In der darauffolgenden Phase werden nun beide Seiten, die der *kritischen Stimme* und die des *erlebenden Selbst,* herausgearbeitet. Dabei ist zu beachten, dass keiner der Seiten der Vorzug gegeben wird. So wird der Stuhl der Therapeutin in gleichem Abstand zwischen kritischem Selbstanteil und erlebendem Selbst gestellt. Es wird darauf geachtet, dem Klienten »keine Voreingenommenheit gegenüber einer Seite zu vermitteln, sondern, systemisch formuliert, *allparteilich* zu sein« (Auszra et al., 2017, S. 198). Deshalb wird der kritische Teil nach Möglichkeit auch nicht »Kritiker« genannt; zu statisch und negativ sind die Assoziationen der meisten Menschen mit diesem Begriff. Später im Prozess, in der Integrationsphase, kann es wichtig sein, die Werte und Standards dieses Teils zu würdigen. Mitunter erfüllt er auch eine Schutzfunktion. All diese Entwicklungen sind möglich und sollen mit einer zu frühen, einseitigen Festlegung im Prozess nicht ausgeschlossen werden.

Therapeut:  … Gut. Jetzt kommen Sie mal hier rüber und seien Sie mal diese kritische Seite. Geben Sie ihm mal dieses Gefühl, diese Verzweiflung, dieses Versagen … Was haben Sie ihm zu sagen?

Stimme und Gestik des Therapeuten laden dabei dazu ein, die empfundene Kritikwürdigkeit in vollem Ausmaß zum Ausdruck zu bringen. Wir wollen dabei nichts schlimmer machen. Vielmehr geht es darum, dem Klienten zu erlauben, der oft täglich praktizierten Destruktivität einen unzensierten Platz zu geben. Vorschläge des Therapeuten, die der Zuspitzung dienen, sind erlaubt.

Klient: Du kriegst es nicht hin … ja. *(zögerlich)*
Therapeut: Was halten Sie von ihm?

Klient: Das ist erbärmlich, wie du dich da verhältst. Es genügt einfach nicht *(wird lauter und macht eine abfällige Handbewegung)*.
Therapeut: Es genügt einfach nicht. Es genügt einfach nicht ... Es
genügt einfach nicht oder *du* genügst so nicht *(wiederholt Handbewegung)*?
Klient: Ja genau! So! Du genügst nicht! Das ist einfach zu wenig!

Diese Form der Zuspitzung mag dem lösungsorientiert geschulten
Leser widersinnig erscheinen. Wieso sollte man die *Problemtrance*
weiter verstärken? Durch den Zwei-Stuhl-Dialog wurde bereits ein
bedeutender Unterschied eingeführt: Nicht ich bin zu wenig, sondern ein Teil von mir denkt so über mich. Dieser erdrückt mich,
nicht ich *bin* erdrückt. Diese Unterscheidung ist ein bedeutender
erster Schritt. Es geht nicht um die Wiederholung der Problemtrance,
sondern um eine Bewusstwerdung über diese meist unbewusst ablau-
fenden Selbstbewertungen mitsamt ihren Folgen. Die Zuspitzung
und leichte Überzeichnung helfen dabei, deutlich zu machen, was
im Alltag ständig unbewusst passiert. Gerade dafür ist es wichtig,
dass die kritische Seite sich in ihrer Kraft ausbreiten, sichtbar und
fühlbar werden kann.

Dieses Sichtbarwerden hat, auch wenn es unmittelbar erschrecken
mag, durchaus positive Effekte für den weiteren Verlauf: Zum einen
bedeutet mehr Information immer erhöhte Ablehnungswahrschein-
lichkeit (Luhmann, 1998, S. 316). Das volle Sichtbarwerden ist damit
ein erster Schritt in Richtung Verflüssigung oder Weicherwerden der
kritischen Seite. Außerdem setzt dieses Verfahren von Anfang an auf
die Ressourcen des Klienten, indem es ihm zutraut, sich sich selbst in
seiner ganzen Destruktivität zuzumuten. »Im Kern wollen wir Impli-
zites explizit machen, Vorhandenes zutage fördern und erlauben und
zulassen helfen, im Vertrauen darauf, dass daraus positive Veränderung entspringt« (Auszra et al., 2017, S. 222). Dieses Vertrauen ähnelt

dem der provokativen Therapie Farellys (Farelly u. Brandsma, 2005), das davon ausgeht, dass erst die Zumutung vorhandene Ressourcen im Klienten weckt und so eine resiliente Selbstorganisation einleitet.

### Kontaktphase

In der Kontaktphase kann es nun zu mehreren Stuhlwechseln kommen. Beide Stimmen bleiben dabei im Dialog. Der Therapeut lädt die Klientin immer wieder dazu ein, indem er sie ermutigt, zur jeweils anderen Seite zu sprechen (zur kritischen Seite: »Wenn Sie das hören, was denken Sie? Sagen Sie es ihm direkt …« – zum erlebenden Selbst: »Wenn Sie das hören, was empfinden Sie? Können Sie der Seite mal sagen, was das mit Ihnen macht?«). Auf der Seite des kritischen Selbstanteils soll durch dieses Vorgehen die zentrale Botschaft (zum Beispiel »Du bist nicht genug.«) herausgeschält und die dazugehörige affektive Haltung sichtbar gemacht werden. Hier geht es *nicht um die Gefühle, sondern um die Haltung.* Während auf der Seite des erlebenden Selbst die Exploration und die *Vertiefung der Gefühlswelt* im Vordergrund steht.

Häufig stimmen Klienten der kritischen Stimme zunächst zu (»Er hat halt auch einfach recht! Es stimmt, was du sagst.«). Damit der Dialog nicht zum Erliegen kommt, wird hier wiederum auf die affektiven Auswirkungen beim Klienten fokussiert (»Sie sehen das auch so, dass … und wie fühlt sich das an, dieses ›Du genügst nicht!‹? Was macht das mit Ihnen, wenn Sie das hören: ›Du genügst nicht‹?«). Es geht nicht um mehr oder weniger virtuoses Debattieren, sondern um die emotionale Reaktion auf die Kritik. Im Angesicht ihrer passiert es nicht selten, dass der Klient sich hilflos, hoffnungslos und verzweifelt organisiert. »Dies ist kein Sonderfall, sondern die Regel« (Auszra et al., 2017, S. 205). Das ist kein Anzeichen für einen gescheiterten Prozess. Vielmehr wird deutlich, wohin die bis dato unbewusste Praktik des Klienten ihn führt. Diese Folge wird emotional ausgeleuchtet (»Wie fühlt sich das für Sie an, das zu hören ...?«) und kann durch die Frage nach einer Handlungstendenz noch plastischer gemacht werden (»Und wenn Sie sich so X fühlen, ... was würden Sie am liebsten tun? Haben Sie einen Impuls, dem Sie gerne folgen würden?«).

Manchmal wird auch heftig widersprochen (»Das stimmt doch so alles nicht!«). Auch hier ist es hilfreich, nach dem Affekt zu fragen (»Wie fühlt es sich für Sie an, wenn Sie das sagen? Ist es stimmig?«). Von oberflächlicher Abgrenzung hat die Klientin meist wenig, daher Vorsicht vor allzu voreiligem Abgrenzungscoaching – *Don't jump on the first train, immediately.*

Therapeut: Wechseln Sie mal bitte auf diesen Stuhl *(zeigt auf den Stuhl des erlebenden Selbst)*. Wenn Sie das hören, »Du genügst nicht, das ist einfach zu wenig!«, was empfinden Sie?

Klient: Ich denke mir: Der hat recht! Ich bring's wirklich nicht. ...

Therapeut: Sie geben ihm recht. Wie fühlt sich das für Sie an? Was empfinden Sie dabei?

Klient: Ich fühle mich erschlagen. ... Schwach. ... Als Versager.

Therapeut: Und was passiert mit Ihrem Körper, wenn Sie das hören, dieses: »Du genügst nicht, das ist einfach zu wenig ...«? Beschreiben Sie das mal ...

Klient: Es zieht sich in mir zusammen ... mein Gesicht ... Meine Schultern werden ganz schwer ... ich krümme mich ...

Therapeut: Ja, ich sehe das ... Wie ist das? Was würden Sie am liebsten tun?

Klient: Einfach verschwinden. Weg hier. Einfach raus.

Therapeut: Einfach raus, einfach weg hier ... ja ... Können Sie das mal sagen, zu der Seite, was Sie da empfinden? Wenn du so mit mir sprichst, dann fühle ich mich ... irgendwie ... so ...

Klient: Jetzt zu dem da?

Therapeut: Ja.

Klient: Wenn du das sagst, zieht sich alles in mir zusammen. Ich fühle mich wie ein Versager und will einfach nur weg, einfach raus.

Therapeut: Kommen Sie jetzt mal wieder hier rüber *(zeigt auf den Stuhl der kritischen Seite).* Als die kritische Seite, was sagen Sie dazu?

Klient: Tss … Typisch. Abhauen … *(wiederholt die abfällige Handbewegung).* Es ist einfach erbärmlich.

Therapeut: Können Sie das noch ein bisschen erläutern? … Was halten Sie von ihm, wenn Sie das von ihm hören? Sagen Sie's ihm direkt: »Du …«

Klient: Hör' auf zu jammern. Du bist ein Jammerlappen! Ja, genau das bist du. Erst bringst du's nicht und jetzt willst du dich verstecken. Das geht so einfach nicht. Reiß' dich zusammen und liefer' jetzt einfach mal dein Soll ab. Ja!

Therapeut: »Du bist ein Jammerlappen! Jetzt reiß' dich zusammen und liefere.«

Klient: Ja. Genau!

Therapeut: Kommen Sie mal wieder hier rüber … Wenn Sie das so hören: »Du bist ein Jammerlappen! Liefere jetzt einfach mal!« Wenn Sie das von den Ohren in Ihren Körper fallen lassen, was passiert in Ihnen?

Klient: … *(lange Pause)* … ich werde irgendwie … traurig.

Therapeut: Wo spüren Sie diese Traurigkeit?

Klient: Im Gesicht … in der Brust … aber am stärksten hier, so vorne *(spreizt die Finger und hält die Hand in kurzem Abstand vor sein Gesicht)* …

Therapeut: Spüren Sie da mal näher hin. Das ist wichtig. Was kommt von da? Sprechen Sie mal von dort …

Klient: Es macht mich traurig, dass du so hart bist. … dass du so mit mir umspringst … dass ich nicht einfach auch mal, … ja, schwach sein darf …

Therapeut: Was schmerzt Sie so an seiner Härte? Was tut so weh?

Klient: *(beginnt zu weinen)* Dass ich ihm nicht genüge, dass er mich nicht einfach mal *sein* lässt …

Therapeut: Sagen Sie das mal: »Es schmerzt mich, dass ich dir …«

Klient: Es tut mir unglaublich weh! Egal, was ich mache, es reicht nie! Es reicht nie! Ich darf einfach nicht so sein …

Therapeut: Was empfinden Sie, während Sie das sagen? »Egal, was ich mache, es reicht nie …«

Klient: Ich bin einfach traurig … Und es ärgert mich auch. Es ärgert mich, dass ich rumrenne wie ein Verrückter und am Ende reicht es ja doch nicht … Das ist so kein Leben. Ich ärgere mich und bin traurig.

Therapeut: *(deutet mit kurzem Kopfnicken in Richtung kritischer Seite)*

Klient: Es ärgert mich, dass du mich immer so rumscheuchst. Und ich bin traurig … weil ich auch einfach mal so sein will, einfach so sein will, wie ich mich halt gerade fühle …

Um die kritische Seite weiter zu schärfen, ist es mitunter sinnvoll, danach zu fragen, was das erlebende Selbst vom kritischen Selbstanteil bräuchte. Dies kann die kritische Seite härter, rigider und abwertender werden lassen, was damit oft den Zugang zum zentralen Schmerz ermöglicht. Dort angelangt wird ein zentrales Bedürfnis deutlich. »Metaphorisch gesprochen ist dies der Stein, an dem sich der Patient abstößt, um wieder nach oben zu gelangen« (Auszra et al., 2017, S. 208). Die Therapeutin unterstützt den Klienten darin, seine Bedürfnisse gegenüber der kritischen Stimme zu artikulieren. Sie achtet genau auf Mimik und Gestik und versucht, resiliente Reaktionen zu verstärken.

Integrationsphase

Mit dem Weicherwerden der kritischen Seiten beginnt die Integrationsphase. Erst jetzt gilt es, die Emotionen, die dem Weicherwerden zugrunde liegen, zu explorieren und sie vom Klienten ausdrücken zu lassen.

Therapeut: Wechseln Sie noch einmal hier rüber … Was passiert mit dieser Seite, wenn sie die Traurigkeit und den Ärger sieht? Wenn sie das hört, dass er einfach mal so sein will, wie er sich gerade fühlt …

Klient: Puh … das verunsichert mich … Es tut mir ein bisschen leid … Macht mich aber auch hilflos … Was soll ich denn machen?

Therapeut: *(deutet wieder in Richtung des leeren Stuhls)*

Klient: Es ist schwer für mich, dich so zu sehen. Es tut mir auch leid. Ich kann aber damit so auch nicht umgehen.

Den Anforderungen der kritischen Seite gegenüber kann sich das erlebende Selbst nun anders positionieren. Das zuvor herrschende Machtgefälle ist weitgehend aufgelöst. Von hier aus kann ein Kompromiss verhandelt werden, der beiden Seiten gerecht wird. Erst jetzt, nachdem das erlebende Selbst seine Bedürfnisse artikulieren konnte, können die positiven Aspekte der kritischen Seite exploriert und in den Ausdruck gebracht werden. Oft tritt hier Angst und damit eine Schutzfunktion zutage (zum Beispiel »Ich möchte verhindern, dass es für dich wieder so schmerzhaft wird wie damals.«). Oder es werden Werte und Standards (»Ich will ja nur, dass du es heute besser hast als früher.«) artikuliert und können mit den Bedürfnissen der erlebenden Seite in Einklang gebracht werden.

Diese Form des Selbst-Dialogs kommt zum Abschluss, wenn es sich für die Klientin stimmig anfühlt. Nach Möglichkeit entscheidet der

Klient, den Dialog zu beenden, falls nötig mit folgenden Fragen vom Therapeuten angeleitet: »Wenn Sie jetzt so in sich hineinschauen, passt das so für Sie? Ist es stimmig oder fehlt noch etwas?« Ein gutes Zeichen für die Abgeschlossenheit des Dialogs ist es, wenn sich beide Seiten in ihren Positionen, Haltungen und in ihrem Erleben weitgehend angeglichen haben. Im Anschluss wird die Arbeit gemeinsam reflektiert und eingeordnet. Im Mindestergebnis wurde dem Klienten bewusst, wie er problematische Gefühle in seinem Alltag immer wieder erzeugt. Im besten Fall konnte er spüren, was er eigentlich braucht, was er will und dass er dies auch verdient.

## 4  Unumkehrbarkeit

Durch das Moment des Scheiterns hat sich nicht selten mehr verändert als das Selbstbild der Klientin. Sie erfährt neben Selbstvorwürfen und hinterfragten Lebensregeln auch eine Unumkehrbarkeit im Weltbezug. Wer mit seinen Kindern in die Berge geht, seine Zweifel übergeht, sich um der Leistung willen für den überfordernden Weg entscheidet und ein Kind dabei verliert; wer abends entgegen der inneren Stimme und wider besseren Wissens das Bier zu viel trinkt, sich ins Auto setzt und auf dem Nachhauseweg einen tödlichen Unfall verursacht; wer fremdgeht und in der Folge den Traummann, den frau schon hatte, endgültig verliert; wer in der Verkennung der eigenen Möglichkeiten oder der Gesamtsituation beruflich höher hinaus will, dabei unwiderruflich abstürzt und in eine die materielle Existenz bedrohende Lage gerät, scheitert zumeist an unbewussten Annahmen, die dem eigenen Handeln zugrunde liegen. Erschwerend kommt hinzu: Es ist nicht mehr gutzumachen. Das, was durch das Handeln des Gescheiterten geschehen ist, ist unumkehrbar. Und diese Unumkehrbarkeit klagt ihn an.

Derartige Erfahrungen sind mit belastenden Schuldgefühlen verbunden, deren sorgfältige Überprüfung therapeutisch hilfreich ist. Schuld setzt immer ein handelndes Individuum voraus. Hat meine Handlung zu dieser Konsequenz beigetragen? Und noch genauer: War meine Handlung für diese Konsequenz ursächlich? Falls nein, wurzelt die Unumkehrbarkeit wahrscheinlich eher im Schicksal. Wer das für sich annehmen kann, nimmt auch die damit einhergehende, unaufhebbare Ohnmacht an. Oft lassen sich dort, wo das Erleben von Ohnmacht verständlich ist, auch Schuldgefühle finden, da diese dabei helfen, ein Gefühl der grundsätzlichen Kontrollmöglichkeit zu bewahren. Des Weiteren lohnt die Überprüfung der Unumkehrbarkeit selbst. Ein konsequenzenreiches Projekt oder ein wichtiger Kunde kann verloren sein, auch auf Dauer. Damit verabschieden sich aber nicht automatisch alle anderen Möglichkeiten, den persönlichen wie auch den Erfolg der Firma sicherzustellen.

Erhärtet sich der Schuldverdacht, hilft mitunter die Einsicht, dass Schuld etwas zutiefst Menschliches ist. Der Stein, der durchs Fenster fliegt, oder der Hund, der beißt, sie sind beide nicht schuldfähig. Der Mensch, der für die Handlung verantwortlich ist, jedoch schon. Die Rahmung von Schuld als etwas dem menschlichen Leben Zugehöriges, an dem wir im Lebensfluss nicht vorbeikommen, spricht keinen frei. Mitunter erleichtert diese Einsicht die Annahme des damit einhergehenden Leids. In diesem Zusammenhang kann es sinnvoll sein, im Rahmen einer Stühlearbeit durch die Augen des liebsten Menschen, durch die eines Freundes oder auch durch die des Schutzengels auf das Geschehene zu schauen. Auf diese Weise kann Trost erfahren werden, den es unter Umständen braucht, um im Leid die Zuversicht zu bewahren.

Erhärtet sich der Verdacht der Unumkehrbarkeit, handelt es sich, um es mit einer Unterscheidung von Gunther Schmidt zu fassen, nicht um ein Problem, sondern um eine Restriktion (vgl.

Schmidt, 2015, bspw. S. 285 ff.). Probleme sind definitionsgemäß lösbar, Restriktionen hingegen nicht. Für Letztere gilt folglich, dass ich nach einem Umgang mit ihnen suche. Wie also will ich mit dieser Schuld umgehen? Bei wem will ich mich entschuldigen? Wie will ich meiner Verantwortungsübernahme Ausdruck verleihen? Wer sollte das mitbekommen? Und nicht zuletzt: Was brauche ich, um mir *selbst* zu verzeihen?

Diese Fragen führen uns wieder zu jenen Themen, die wir in den vorangegangenen Kapiteln bereits behandelt haben. Die Unumkehrbarkeit wirft die Klientin unmittelbar auf sich selbst zurück. Sie verdeutlicht einmal mehr, dass es sich hier um Prozesse handelt, die Zeit benötigen. Selbstannahme bedeutet in einem ersten Schritt oft, mich darin anzunehmen, dass ich es mir (noch) nicht verzeihen kann.

Erfolg

# 5  Volkskrankheit: Erfolgsabhängigkeit

Scheitern bezeichnet nur die eine Seite einer Unterscheidung, auf deren anderer sich der Erfolg befindet. Nachdem wir uns bislang mit den Verarbeitungsmöglichkeiten des Scheiterns befasst haben, wollen wir nun einen Exkurs in Richtung Erfolg wagen. Dies mit der nötigen Vorsicht, denn wer auf Erfolg abzielt, kauft sich das mögliche Scheitern gewissermaßen als Konsequenz mit ein. Doch nicht auf Erfolg abzuzielen, kann heute auch nicht die Alternative sein, oder?

Wir leben in einer Gesellschaft, die Leistung und damit auch Erfolg hoch priorisiert. Im Gegensatz zum Scheitern ist Erfolg wohlschmeckend, (sozial) versichernd und beschert uns Momente der Selbstaufwertung wie der Entspannung. Gleiches vermag Alkohol und die meisten weicheren wie härteren Drogen. Vor diesem Hintergrund stellt sich die Frage, ob wir nicht längst alle einer dringend behandlungsbedürftigen »Erfolgsabhängigkeit« erlegen sind. Entlang den gängigen Kriterien (vgl. Dilling u. Freyberger, 2016) für Abhängigkeitssyndrome seien daher folgende Fragen im Dienste Ihrer eigenen Gesundheit gestattet:

1. Hatten Sie schon mal ein starkes Bedürfnis nach Erfolg und nach der Bestätigung durch andere? (*»craving«*)
2. Konnten Sie bei Tätigkeiten, die Ihnen Erfolgserlebnisse verschaffen könnten, bisweilen eine verminderte Kontrolle über Aufnahme, Beendigung oder Ausmaß der Tätigkeit feststellen? (*»Kontrollverlust«*)
3. Ging es Ihnen aufgrund eines Misserfolgs auch körperlich schlecht? Litten Sie beispielsweise unter Zittern, vermehrtem Schwitzen, schlechtem Schlaf etc.? (*»Entzugserscheinungen«*)
4. Fällt es Ihnen mitunter schwer, das, was Sie früher als Erfolg bewertet haben, als Erfolg zu bewerten, wenn es Ihnen heute widerfährt? (*»Toleranzentwicklung«*)

5. Haben Sie für Ihren Erfolg bereits andere Interessenbereiche vernachlässigt? (»*Einengung auf Substanzgebrauch*«)
6. Verfolgen Sie für Sie erfolgversprechendes Engagement in gleicher Intensität weiter, obwohl Sie davon langfristige soziale und/oder gesundheitliche negative Konsequenzen zu erwarten haben? (»*Substanzgebrauch trotz schädlicher Folgen*«)

Wenn Sie drei oder mehr dieser Fragen für einen Zeitraum von mindestens einem Monat mit ja beantworten konnten, gelten Sie offiziell als »erfolgsabhängig«. Sollten diese Situationen nur für eine kürzere Zeit, aber innerhalb von zwölf Monaten wiederholt bestanden haben, ebenfalls. Über Ihre Behandlungsbedürftigkeit ist sich die Fachwelt noch uneins. Entscheiden Sie daher am besten selbst.

Aus psychologischer Perspektive ist die uneingeschränkte Annahme, Erfolgsorientierung bringe uns Fortschritt, fragwürdig. Offensichtlich braucht es auch hier eine differenziertere Betrachtung. Welchen Erfolg sollte ich wie genießen? Nichts gegen Wodka, aber halt nicht schon zum Müsli. Ähnlich verhält es sich bezüglich der Psyche. Wir unterscheiden im Folgenden drei unterschiedliche Formen von Erfolg entlang der Frage, welche Auswirkung sie auf unser Selbst und unsere Scheiternswahrscheinlichkeiten haben. Diese Formen sind ästhetischer, ethischer und nutzenorientierter (im weiteren Sinne ökonomischer) Erfolg.

### 5.1 Nutzenorientierter Erfolg

In unserer und den meisten Gesellschaften dieser Erde ist das dominierende Koordinationsprinzip die Marktwirtschaft. Auf dem Markt treffen sich Anbieter und Nachfrager. Der Wert einer Sache entsteht an dem Punkt, wo Angebot auf Nachfrage trifft, und eben damit auch *erst,* wenn Angebot auf Nachfrage trifft. Das heißt, letztendlich entscheidet hier weniger die dahinterliegende Leistung als die *Darbietung,* die den Eindruck der Werthaltigkeit beim potenziellen Kunden maßgeblich formt. Das Englische hat für diese beiden Formen von Leistung unterschiedliche Begriffe: *achievement* und *performance.*

*Achievement* meint die Erreichung eines Ziels, die Gipfelbesteigung, den Vertragsabschluss, die abgeschlossene (!) und sich als funktional erweisende Reorganisation, allgemein: das Fertigstellen bzw. Erreichen von etwas. Diesen Leistungen ist gemeinsam, dass an ihrem Ende ein Output steht, der sich mehr oder weniger beobachterunabhängig der Leistungserbringerin zurechnen lässt. Der Schaffende erfährt unmittelbar mit dem Eintreten des Ziels Bestätigung. *Ich habe es geschafft.* Daran ist nichts verkehrt. Auffällig ist nur, dass die Quelle der Versicherung im Außen liegt. Die Selbstannahme ist die Folge des Erfolgs, d. h. auch: Ich bin nur so groß wie der Gipfel, auf dem ich gerade stehe. Bleibt dies meine einzige Quelle der Bestätigung, werde ich morgen, spätestens nächste Woche weiterziehen müssen. Im Extrem droht hier Narzissmus am Berg. Wer den eigenen Selbstwert nur in der unmittelbaren Bestätigung durch das Erreichte erfährt, wird mehr und mehr durch die angestrebte Erreichung seiner Ziele »versklavt«. Sollten sie aus körperlichen, geistigen oder situativen Gründen nicht weiter verfolgbar sein, wird es existenziell.

Frau R. ist seit Kurzem Bereichsleiterin in einem in ihrer Branche führenden Konzern. Sie hat eine beachtliche Karriere hinter sich. Die letzte Beförderungsstufe bringt sie nun in direkte Zusammenarbeit mit dem Vorstand. Von sich selbst sagt sie auf die Frage, was andere an ihr schätzen: »Zielerreichung!« Sie bekommt die Dinge umgesetzt. Deshalb holt man sie »nach oben«. Dort werden die Auseinandersetzungen nun »strategischer«. Es geht mehr um Megatrends wie »Digitalisierung, Agility und Pipapo«. Frau R. hat zunehmend das Gefühl, sie sei nicht »intellektuell« genug für diese Aufgabe. Selbstzweifel und Versa-

Erfolg

gensängste machen sich in ihr breit. Sie sieht keinen Ansatzpunkt und fragt ihre Vorgesetzen nach konkreten Zielen. Auch die wissen keine Antwort. Es sei eine »Reise ins Ungewisse«. Für Frau R., die bislang an das Erreichen ihrer Ziele gewöhnt war, ein *persönlicher* Horrortrip, der ihr erst den Schlaf raubt und schließlich in einem Burn-out mündet.

In unserer um Aufmerksamkeit buhlenden Gesellschaft (vgl. hierzu Frank, 1998) ist es mit *achievement* noch lange nicht getan. Die größte Leistung kann vergleichsweise erfolglos bleiben. So ergeht es Omas bestem Porzellan, neben all dem Besten aller anderen Omas, auf dem Flohmarkt. In der Überflussgesellschaft braucht es die Fähigkeit zu sozialer Durchdringung. Man muss wahrgenommen werden, und zwar als jemand, der wahrgenommen wird. Diese Form der Darbietung, des Sich-Verkaufens, meint der Begriff der *performance.* »Der performt nicht« bedeutet nicht mehr und nicht weniger als: Er wird in seiner Darstellung nicht als erfolgreich wahrgenommen. Das Ausmaß der sozialen Durchdringung in diesem Sinne folgt wiederum den Gesetzen von Angebot und Nachfrage (vgl. Neckel, 2008; Frank, 1998), wie sich am deutlichsten an den sozialen Medien illustrieren lässt. Es ist eine eigene Kompetenz, sich und seine Erlebnisse hier darzubieten und sich so immer wieder Bestätigung zu organisieren. Anders als beim *achievement* geht es bei der *performance* nicht mehr um die Erreichung des Ziels, sondern immer um die Darstellung *meiner* Zielerreichung, die manchmal in der bloßen Organisation von Zuspruch bestehen kann. *Performance* beinhaltet für das Selbst die gleiche Gefahr wie *achievement.* Da die Quelle im Außen liegt, sollte sie nicht die einzige sein, aus der Selbstwert gezogen wird. Hinzu kommt, dass Meinungen oft deutlich fluktuierender sind als Zielsetzungen. Während die Gipfelbesteigung für sich genommen noch ein Erfolg sein kann, ist sie es in der Meinung der »virtuellen« Follower schon lange nicht mehr. Zu viele waren schon dort.

Nutzenorientierter oder ökonomischer Erfolg sind die grundlegenden Mittel zur Partizipation in unserer Gesellschaft. Wir können ihnen nicht entrinnen. Als einzige Nährstoffe des Selbstwerts sind sie jedoch »leicht verderbliche Kost« (Neckel, 2008).

## 5.2 Ästhetischer Erfolg

Ästhetischer Erfolg fokussiert auf das Ergebnis, gleichermaßen aber auch auf das Wie, also auf den Weg zum Ziel. Die Frage lautet hier: »Ist es schön, wie ich es gerade tue?« Ästhetik ist ein Resonanzphänomen. Das Betrachtete oder Gehörte bringt in mir etwas zum Klingen. Es ist also bereits etwas in mir vorhanden, das sich ansprechen lässt, das Anschluss nehmen kann, für das es stimmig erscheint. Übertragen wir diese Gedanken z. B. auf das Joggen, wird der Gewinn der ästhetischen Erfolgskategorie deutlich: Schönes Laufen hat selten Schaum vorm Mund und führt meist nicht zum Zusammenbruch. Es ist aber auch kein Spaziergang, sondern als Laufen erkennbar. Das heißt, der Anspruch ist es, ein *stimmiges Verhältnis von Vermögen, Kompetenz und Herausforderung* entstehen zu lassen, das gleichzeitig der Sache selbst gerecht wird.

Die Frage »Gefalle ich mir dabei, während ich es tue?« eröffnet gerade an Stellen, an dem der ökonomische Erfolg auf sich warten lässt, ein breites Interventionsspektrum. Wie muss ich als Arbeitssuchender den Tag gestalten, damit ich mir selbst dabei möglichst gut gefalle? In den meisten Fällen stehen die Bewerbungen als Pflichtprogramm mit auf der Tagesordnung. Durch die ästhetische Kategorie wird zusätzlich die Selbsterlaubnis zur sinnvoll erlebten Freizeitgestaltung möglich: Lektüre, Sport, Museumsbesuche … Was immer es braucht, um nach einem Tag ohne Einladung zum Jobinterview sagen zu können: »Es war ein schöner Tag.« »Schönheit« in diesem Sinne hat nichts mit Eitelkeit oder überformter »Glattheit« (Han, 2015) zu tun, sondern birgt das Potenzial, ein *stimmiges* Verhalten zwischen eigenem Vermögen und anliegender Herausforderung zu finden.

## 5.3 Ethischer Erfolg

Ethischer Erfolg ist dem Handeln *implizit* (von Foerster, 2008). Er verwirklicht sich unmittelbar im Vollzug der Handlung. Der Bürgerrechtler Martin Luther King oder der Mafiajäger Giovanni Falcone waren sich der Unwahrscheinlichkeit ihres Erfolges gleichermaßen bewusst. Beide wussten, dass sie mit ihrem Tun ihr Leben gefährden. Er mache, was er mache, weil es eine Schande für die Menschheit sei, wenn seine Stelle unbesetzt wäre, soll Falcone einmal gesagt haben. Er trat mit seinem Handeln für Werte ein, die sich im Moment der Handlung selbst verwirklichten.

Wenn wir diese Beispiele auf unseren Alltag der Normalsterblichen anwenden, so wird deutlich, dass wir gerade in »hoffnungslosen« (Ausgangs-)Lagen von der Suche nach ethischem Erfolg profitieren können. Mit der Unterscheidung von »Haben-« und »Seins-Zielen« wird eine hilfreiche Umfokussierung der Aufmerksamkeit auf das möglich, was ich entscheiden kann (vgl. bspw. Hayes, Strohsal u. Wilson, 2014).

Eine Mitarbeiterin eines Jugendamts leidet sehr darunter, dass eine drogensüchtige, wiederholt rückfällig gewordene Mutter sie immer wieder aufsucht, um zu erfahren, wann sie das Sorgerecht für ihr Kind zurückerhalten werde. Mehrfach habe die Mitarbeiterin ihr bereits vermittelt, welche Möglichkeiten es noch gebe, dass es dazu jedoch der Verlässlichkeit und damit auch der Abstinenz bedürfe, deren Nachweis die Mutter nach wie vor schuldig bleibe. Eine Fokussierung auf Haben-Ziele führt in solchen Situationen unweigerlich in eine Verhärtung: »Wann schnallt die endlich, dass es so nicht geht? Wann hört die endlich auf, mir die Zeit zu stehlen? Wann wird sie endlich clean und ich kann den Fall abschließen?« All dies obliegt letzten Endes nicht der Mitarbeiterin, sie kann darüber nicht entscheiden. Worüber sie entscheiden kann, ist das Beziehungsangebot, das sie immer wieder einer Mutter machen möchte, die sich nach ihrem Kind sehnt, aber offenbar noch nicht die Kraft hat, etwas zu verändern. Diese Fokussierung stellt unmittelbar die Handlungsfähigkeit wieder her. Erfolg ist dann nicht das »Ergebnis«, sondern ein Beziehungsangebot.

Im besten Fall finden wir so in schwierigen Situationen zu einer Haltung, die unseren Werten entspricht. Wir verwalten keinen Mangel, sondern treten für etwas ein, das uns auch unter Belastung nicht veräußerbar erscheint. Wir bleiben uns treu. Ethische – nicht moralische! – Erfolge sind für die Persönlichkeit ungefährlich. Sie ermöglichen uns einen Zugang zu unserem Potenzial, insbesondere in »unerfüllbaren« Auftragslagen.

### 5.4 Erfolgsstrategien unter Revision

Die folgenden Fragen bieten den Einstieg in Gespräche über Erfolg. Dabei ist keine bevorzugt zu betrachten. Gemeinhin steht der ökonomische Erfolg hoch in der Gunst der Klienten. »Es ist klar, dass mein Mann sich um die Kinder kümmern wird, da ich beruflich erfolgreicher bin.« Auf die Frage »Was für eine Mutter wollen Sie sein? Wie gefallen Sie sich selbst als Mutter?« wird dann mitunter ein anderes Bild gezeichnet. Die Fragen dienen daher zunächst der Ideengenerierung.

Nutzenorientierter Erfolg
- Wofür schätzt man Sie bei der Arbeit? Was können Sie gut und was wird von anderen nachgefragt? Was tragen Sie bei, was sonst nur wenige beitragen?
- Was würde Ihr Betrieb vermissen, wenn Sie morgen den Arbeitgeber wechseln würden?
- Was ist Ihre Prognose: Wird diese Fertigkeit immer nachgefragt sein? Gibt es Schwankungen? Wovon hängt die Wertschätzung Ihrer Person letztendlich ab?

## Ästhetischer Erfolg

- Bei welchen Tätigkeiten hätten Sie, wenn Sie sich selbst dabei zuschauen könnten, das Gefühl »So gefalle ich mir!«? Was macht das dann aus? Was genau gefällt Ihnen dann an sich?
- Wie müsste Ihr Arbeitstag aussehen, damit Sie dieses Gefühl öfter haben? Beginnen wir mit der Fahrt dorthin …
- Wie müssten Sie Ihren Tag gestalten, damit Sie das Gefühl (noch) seltener haben?

## Ethischer Erfolg

- Was ist Ihnen im Miteinander, abgesehen von der Zielerreichung, wichtig? Was Sie erreichen wollen, ist das eine, fokussieren wir mal auf das *Wie* …
- Wie müssen Sie ein Projekt/Ihre Arbeit durchführen, damit sich Ihre Kollegen in jedem Falle daran erinnern werden? Was wünschen Sie sich, dass sie über Sie erzählen? Was noch?

In einem zweiten Schritt kann mit dem Klienten überlegt werden, wie ein für ihn stimmiges »Erfolgsquellenportfolio« aussehen könnte. Hierfür bietet es sich an, ihn mithilfe eines Kreisdiagrammes einschätzen zu lassen, welchen Anteil an seinem gegenwärtigen Portfolio die unterschiedlichen Erfolgsquellen jeweils ausmachen. Im Anschluss wird er eingeladen, ein Kreisdiagramm für ein Wunschportfolio zu erstellen. Diese Gegenüberstellung kann als Katalysator für sehr konkrete, kleine Entdeckungen neuer Wirksamkeitsmöglichkeiten dienen. Und sie verhilft meist zu einer als gewinnbringend wahrgenommenen Umfokussierung der Aufmerksamkeit.

Am Ende

# Schluss

Der Mensch ist dem Philosophen Karl Jaspers zufolge immer Mensch in Situationen. Diese können wir sicherlich mitunter beeinflussen. Bestimmte jedoch entziehen sich unserer Einflussnahme: »Ich muss sterben, ich muss leiden, ich muss kämpfen, ich bin dem Zufall unterworfen, ich verstricke mich in unausweichliche Schuld. Diese Grundsituationen unseres Daseins nennen wir *Grenzsituationen*« (Jaspers,

1971, S. 18). Wir sind uns ihrer in weiten Teilen nicht bewusst. In unserem Erleben haben wir es meist mit sehr konkreten Situationen zu tun und versuchen uns durch diese bestmöglich – zwischen »Die Kuh ist vom Eis« und »Gott, war ich gut!« – durchzumanövrieren. Situationen, die in diesem Buch beschrieben sind, haben eine andere Qualität. Sie kommen dem nahe, was Jaspers Grenzsituationen nennt. Auf diese sieht er drei mögliche, allesamt menschliche Reaktionsweisen: 1) *Verschleiern* – also die Nichtwahrnehmung der existenziellen Anfrage, welche die Situation für uns bereithält; sei es z. B. durch Externalisierung (»Wenn die anderen nur nicht so blöd wären …«) oder Verharmlosung (»Einfach mal wieder beizeiten ins Bett!«). 2) *Verzweifeln* – und sich dem nicht stillbaren Zweifel der Bodenlosigkeit anheimgeben. Oder 3) *Wiederherstellung:* »Wir werden wir selbst in einer Verwandlung unseres Selbstbewusstseins« (Jaspers, 1971, S. 18).

Diese Verwandlungen sind immer Wachstumsgeschichten und münden in einem Mehr an Freiheit. Ihnen beizuwohnen und sie befördern zu dürfen, empfinde ich als ein – wenn nicht das größte – Privileg unseres Berufsstandes. Den Lesern wünsche ich dabei und bei dem damit einhergehenden eigenen Scheitern erfüllende Begegnungen mit sich und ihren Klientinnen!

# Literatur

Auszra, L., Herrmann, I., Greenberg, L. (2017). Emotionsfokussierte Therapie. Ein Praxismanual. Göttingen: Hogrefe.

Bateson, G. (1981). Die logischen Kategorien von Lernen und Kommunikation. In G. Bateson, Ökologie des Geistes. Anthropologische, psychologische, biologische und epistemologische Perspektiven (S. 354–361). Frankfurt a. M.: Suhrkamp.

Bourne, L. E., Ekstrand, B. R. (2005). Einführung in die Psychologie (4. Aufl.). Frankfurt a. M.: Verlag Dietmar Klotz.

Dilling, H., Freyberger, H. (2016). ICD-10. Taschenführer zur ICD-10-Klassifikation psychischer Störungen (8. Aufl.). Bern: Hogrefe.

Döring, J. (2015). Peinlichkeit. Formen und Funktionen eines kommunikativ konstruierten Phänomens. Bielefeld: transcript.

Farelly, F., Brandsma, J. (2005). Provokative Therapie. Heidelberg: Springer Medizin.

Foerster, H. von (2008). KybernEthik. Berlin: Merve.

Frank, G. (1998). Ökonomie der Aufmerksamkeit. Ein Entwurf. München/Wien: Hanser.

Frisch, M. (1975). Mein Name sei Gantenbein. Frankfurt a. M.: Suhrkamp.

Fuchs, P. (2010). Das System SELBST. Eine Studie zur Frage: Wer liebt wen, wenn jemand sagt: »Ich liebe Dich!«?. Weilerswist: Velbrück Wissenschaft.

Goffman, E. (1986). Verlegenheit und soziale Organisation. In E. Goffman, Interaktionsrituale. Über Verhalten in direkter Kommunikation (S. 106–123). Frankfurt a. M.: Suhrkamp.

Han, B.-Ch. (2015). Die Errettung des Schönen. Frankfurt a. M.: S. Fischer Wissenschaft.

Hayes, S., Strohsal, K., Wilson, K. (2014). Akzeptanz- und Commitment-Therapie. Achtsamkeitsbasierte Veränderungen in Theorie und Praxis. Paderborn: Junfermann.

Jaspers, K (1971). Einführung in die Philosophie. München/Zürich: Piper.

Jullien, F. (1999). Über die Wirksamkeit. Berlin: Merve.

Kriz, J. (2007). Grundkonzepte der Psychotherapie (6., vollständig überarbeitete Aufl.). Weinheim: Beltz.

Luhmann, N. (1998). Die Gesellschaft der Gesellschaft. Frankfurt a. M.: Suhrkamp.

Luhmann, N. (2001). Soziale Systeme (11. Aufl.). Frankfurt a. M.: Suhrkamp.

Luhmann, N. (2005). Identität – was oder wie. In N. Luhmann (Hrsg.), Soziologische Aufklärung 5. Konstruktivistische Perspektiven (3. Aufl., S. 15–30). Wiesbaden: VS-Verlag.

Luhmann, N. (2018). Die Form »Person«. In N. Luhmann (Hrsg.), Soziologische Aufklärung 6. Die Soziologie und der Mensch (4. Aufl., S. 137–148). Wiesbaden: VS-Verlag.

Neckel, S. (2008). Flucht nach vorn. Die Erfolgskultur der Marktwirtschaft. Frankfurt a. M./New York: Campus.

Nicolai, L. (2018). Zeitlinienarbeit. In K. von Sydow, U. Borst (Hrsg.), Systemische Therapie in der Praxis. Weinheim/Basel: Beltz.

Schlippe, A. von (2006). Das »Auftragskarussell« oder auch »Münchhausens Zopf«. In S. Fliegel, A. Kämmerer (Hrsg.), Psychotherapeutische Schätze (S. 30–36). Tübingen: dgvt-Verlag.

Schlippe, A. von, Schweitzer, J. (2013). Lehrbuch der systemischen Therapie und Beratung I. Das Grundlagenwissen. Göttingen: Vandenhoeck & Ruprecht.

Schmidt, G. (2015). Liebesaffären zwischen Problem und Lösung. Hypnosystemisches Arbeiten in schwierigen Kontexten (6. Aufl.). Heidelberg: Carl-Auer.

Simon, F. B. (2015). Einführung in die Systemtheorie und den Konstruktivismus (8. Aufl.). Heidelberg: Carl-Auer.

Spencer-Brown, G. (2005). Gesetze der Form. Lübeck: Bohmeier.

Spitzer, M. (2010). Medizin für die Bildung – Ein Weg aus der Krise. Heidelberg: Spektrum Verlag.

Storch, M., Krause, F. (2007). Selbstmanagement – ressourcenorientiert. Grundlagen und Trainingsmanual für die Arbeit mit dem Zürcher Ressourcen Modell (ZRM). Bern: Huber.

Tangney, J., Tracy, J. (2012). Self-conscious emotions. In M. Leary, J. Tangney (Eds.), Handbook of self and identity (2nd ed., pp. 446–478). New York: Guilford.

Vogt, W. (2014). Überlegungen zu einer Soziologie personalen und organisationalen Scheiterns. In J. Bergmann, M. Hahn, A. Langhof, G. Wagner (Hrsg.), Scheitern – Organisations- und wirtschaftssoziologische Analysen. Wiesbaden: Springer VS.

White, M. (2010). Landkarten der narrativen Therapie. Heidelberg: Carl-Auer.

White, M., Epston, D. (2013). Die Zähmung der Monster. Der narrative Ansatz in der Familientherapie (7. Aufl.). Heidelberg: Carl-Auer.

## Dank

Wirksam sind wir nie allein. Wirksam ist immer eine spezifische Situation (Jullien, 1999). Folglich möchte ich mich bei all denen bedanken, die zu der Situation beigetragen haben, die dies Buch entstehen ließ.

Jochen Schweitzer und Arist von Schlippe danke ich für ihre vielfältige Unterstützung in den letzten zehn Jahren. Aus ihr resultiert eine Dankbarkeit, die es mir unmöglich gemacht hat, ihre Einladung zu diesem Band auszuschlagen. Nun, da der Text fertig ist: auch dafür danke!

Julika Zwack, Angelika Eck und Maria Zwack danke ich für das gemeinsame »Fälle Walgen« und Durchdenken, gemeinsames Lernen und einander Lehren. Kristina Dörlitz, Imke Heuer und Ruth Vachek für ihr gewissenhaftes Lektorat.

Bedanken möchte ich mich auch bei meinen Klientinnen und Klienten. Ohne die Begegnung mit ihnen hätte ich vieles nicht verstanden, was ich in Seminaren und Büchern »gelernt« habe. Das Gelernte wurde im Vorangegangenen mit Fallbeispielen illustriert. Kein Einziges dieser Beispiele wird dabei ihnen und ihren Geschichten gerecht. Es sind Illustrationen, keine Lebensgeschichten.

Nicht zuletzt danke ich meiner lieben Frau, Laura: für Alles und für das gemeinsame Immer-wieder-neu-Anfangen.

## Der Autor

Dr. Mirko Zwack studierte Wirtschafts-
wissenschaften an der Universität Witten/
Herdecke und der Stockholm School of
Business sowie Psychologie an der Universität Innsbruck. Er arbeitet als Psychologischer Psychotherapeut, Supervisor,
Coach und Organisationsberater. Seit
2019 ist er Lehrtherapeut am Helm Stier-
lin Institut (hsi) in Heidelberg. Darüber
hinaus ist er national und international
als Dozent in den Feldern Systemische Therapie und Beratung tätig.
In seiner Arbeit greift er auf Weiterbildungen in Systemischer Therapie, Systemischer Organisationsberatung, Verhaltenstherapie und
Emotionsfokussierter Therapie (EFT) zurück. Nach seiner Nieder-
lassung als Psychotherapeut in eigener Praxis in Stuttgart arbeitet
er heute in Kempten (Allgäu). Zuvor war er als Geschäftsführer
und Unternehmensentwickler in einem führenden europäischen
Bildungsunternehmen sowie als klinischer Psychologe und wissen-
schaftlicher Mitarbeiter in der Psychiatrie und am Institut für Medi-
zinische Psychologie der Universität Heidelberg tätig. Er ist Autor
diverser Artikel und hält Vorträge unter anderem zu Storytelling,
Wertschätzung, Scheitern und Entscheiden.